FREMDE HEIMAT DEUTSCHLAND –

Leben zwischen Ankommen und Abschied
Migranten erzählen über deutsche Erfahrungen

herausgegeben von
Murat Ham | Angelika Kubanek

Murat Ham, Angelika Kubanek (Hrsg.)

FREMDE HEIMAT DEUTSCHLAND –

Leben zwischen Ankommen und Abschied
Migranten erzählen über deutsche Erfahrungen

Mit einem Grußwort von Klaus Wowereit

ibidem-Verlag
Stuttgart

Bibliografische Information der Deutschen Nationalbibliothek

Die Deutsche Nationalbibliothek verzeichnet diese Publikation in der Deutschen Nationalbibliografie; detaillierte bibliografische Daten sind im Internet über http://dnb.d-nb.de abrufbar.

Bibliographic information published by the Deutsche Nationalbibliothek

Die Deutsche Nationalbibliothek lists this publication in the Deutsche Nationalbibliografie; detailed bibliographic data are available in the Internet at http://dnb.d-nb.de.

Satz und Layout: Tonia Wiatrowski

∞

Gedruckt auf alterungsbeständigem, säurefreiem Papier
Printed on acid-free paper

ISBN-13: 978-3-89821-507-7

© *ibidem*-Verlag
Stuttgart 2011

Inhalt

6

Grußwort

Vor fünf Jahrzehnten be-
gann die Zuwanderung von
Türken nach Deutschland.
Millionen Menschen kamen
als „Gastarbeiter". Doch
Deutschland wurde für sie
nicht zu einer vorüberge-
henden Episode, sondern
zu ihrem Lebensmittel-
punkt und dem ihrer Kinder und Enkel. Einige Frauen und Männer aus drei
Einwanderergenerationen kommen in diesem Buch zu Wort. Viele haben einen äußerst steinigen und keineswegs immer geradlinigen Weg hinter sich,
nicht selten auch Brüche und Momente des Scheiterns. Aufstieg und Erfolg
mussten hart erarbeitet werden.

Mit der Schilderung sehr unterschiedlicher Lebensgeschichten widerset-
zen sich die Autoren jeglicher Pauschalisierung und ermöglichen so einen
realistischen Blick auf die Herausforderungen unserer Einwanderungsgesell-
schaft in Zeiten der Globalisierung. Sie beleuchten Zuwandererkarrieren und
setzen sich mit der wachsenden Zahl von Auswanderern auseinander, die ihre
Zukunft in der Türkei sehen oder als Mittler zwischen beiden Ländern. Vor
allem aber werben sie dafür, die gewachsene Vielfalt sowie die Potenziale
der Einwanderer, ihrer Kinder und Enkel als Chance für unsere Gesellschaft
zu sehen.

Deutschland hat sich durch die jahrzehntelange Zuwanderung verändert,
ist toleranter und weltoffener geworden. Und doch bleibt viel zu tun, um
gleiche Bildungschancen für alle zu schaffen, die Benachteiligung von Bewer-
bern mit ausländischen Wurzeln auf dem deutschen Arbeitsmarkt abzubauen
und den Weg zu Aufstieg und Teilhabe an der Gesellschaft frei zu machen.
Mehr denn je wird es in Zukunft darauf ankommen, dass sich Unternehmen
und öffentliche Institutionen für Menschen mit sehr unterschiedlichen Bio-
grafien öffnen und so ein Klima schaffen, in dem Frauen und Männer, die in

9

mehreren Ländern gelebt haben, ihre interkulturelle Kompetenz einbringen können.

Das Buch „Fremde Heimat Deutschland" macht Mut, sich den Herausforderungen zu stellen. Es lohnt sich, die Chancen der Vielfalt zu nutzen und sich für ein weltoffenes Deutschland zu engagieren, in dem alle willkommen sind, ihren Beitrag zu einer erfolgreichen Zukunft zu leisten – ganz gleich woher sie kommen, wo ihre kulturellen Wurzeln liegen und wie sie leben wollen. Alle werden gebraucht!

Klaus Wowereit
Regierender Bürgermeister von Berlin

Einleitung | Murat Ham, Angelika Kubanek
Eine Reise der Migration aus der deutschen Vergangenheit in die Gegenwart

Dieses Buch ist eine Reise durch Gedanken und Erinnerungen. Wir haben autobiographische Texte von Migranten, Reportagen, Porträts, den Blick des ‚einfachen' Arbeiters und des Intellektuellen und Interviews mit Wissenschaftlern zusammengestellt. Durch verschiedene Verstehenszugänge – narrativ, reportagehaft, wissenschaftlich – entsteht ein fein gezeichnetes Bild der deutschen Migrationsgeschichte.

Wir haben selbst einen so genannten Migrationshintergrund. Murat Ham ist in Braunschweig geboren, seine Eltern wanderten einige Jahre vor seiner Geburt aus der Türkei nach Deutschland ein. Er besuchte seine Großeltern während der Kindheit und Schulzeit in den Ferien in Istanbul. Heute ist die Stadt Istanbul mit über 13 Millionen Einwohnern die bevölkerungsreichste der Türkei und war 2010 die Kulturhauptstadt Europas. Murat Ham ist Braunschweiger, und seine Herkunft sieht er als eine kulturelle Bereicherung. Die Eltern von Angelika Kubanek waren Flüchtlinge aus Schlesien beziehungsweise dem Sudetenland. Einer ihrer Großväter wurde, da er in einem Kloster tätig war, erst 1942 eingezogen und wegen seiner Russisch- und Französischkenntnisse in den Kaukasus und die Pyrenäen kommandiert, als Kriegsgefangener geriet er nach Marokko, für eine französische Firma. Erst spät realisierte die Tochter, dass das Kloster (Stift Tepl bei Karlsbad) gar nicht so weit von Bayern entfernt war, wie es in den Erzählungen der Mutter klang: Eine völlig verlorene Heimat, weiter als Sibirien, weiter als der Mond.

Zurück zu der Einwanderungsgeschichte in Deutschland. Im Jahre 1955 unterzeichneten die italienische und die deutsche Regierung das erste Anwerbeabkommen. Weitere Anwerbevereinbarungen folgten 1960 mit Spanien und Griechenland. Ein Jahr später, 1961, kam das Abkommen zwischen der Türkei und Deutschland zustande. Laut Wikipedia leben heute rund drei Millionen Menschen mit türkischen Wurzeln in Deutschland und rund 700.000 sind deutsche Staatsbürger türkischer Herkunft. Bis 1968 schloss die Bundesregierung weitere Anwerbevereinbarungen – und zwar mit Marokko, Portugal, Tunesien und dem damaligen Jugoslawien. Fünf Jahre später, 1973, kam es aufgrund der Wirtschaftskrise zum Anwerbestopp.

Mitte der 80er-Jahre bot die damalige Bundesregierung den Gastarbeitern wegen der Rezession Rückkehrprämien und eine Auszahlung der Rentenversicherungsbeiträge an. Im Spiegel-Artikel „Nie mehr braver Türke" von Kristina Tirier, 14. September 2010, heißt es: „1984 gab es kurzzeitig einen Rückkehrerboom, weil der deutsche Staat eine Prämie zahlte. Damals kehrten etwa 200.000 Türken zurück. Heute liegen die Rückkehrerzahlen bei jährlich circa 35.000 Personen, das sind die Migranten ohne deutschen Pass ... Neu aber ist, dass seit ein paar Jahren auch gut ausgebildete Migranten der zweiten und dritten Generation zurückkehren, weil sie bessere Berufschancen in der Türkei sehen." In der Masterarbeit „Mediale Integration türkischer Migranten in Deutschland" von Hülya Akkaş, Wintersemester 2009/2010, Universität Siegen, werden ähnliche Zahlen bestätigt: „Rund 250.000 ausländische Arbeitskräfte, darunter ein Großteil türkischer Herkunft, kehrten damals zurück in die Heimat. Jedoch gestaltete sich eine Rückkehr der remigrierten türkischen Arbeiter als zunehmend schwierig, so dass es immer seltener zu einer Ausreise aus Deutschland kam. Ab Mitte der 80er-Jahre entschied sich somit die Mehrheit der türkischen Migranten, für immer in der BRD zu bleiben. Lebensmittelpunkt sollte fortan Deutschland sein, wobei bei vielen noch die Rückkehrabsichten – wenn auch erst für die Zeit des Rentenalters – bestanden. Seit diesen Jahren stieg die Zahl der türkischen Bürger mit Migrationshintergrund stetig an, so dass seit den 1980er-Jahren mit rund 1,5 Millionen, heute eine Zahl von circa 2,5 Millionen Migranten, mit ausschließlich türkischer Herkunft, in der Bundesrepublik vertreten ist." Die Anreize waren aber auch für portugiesische und italienische Migranten gedacht. Mit Unterstützung der westdeutschen Regierung sind für die Kinder der Remigranten in der Türkei Schulen eingerichtet worden. Denn sie kamen mit dem türkischen System gar nicht zurecht. Sie fühlten sich als völlige Fremdkörper.

Was sind die Talente der Einwanderer gewesen? Welche positiven Impulse gab es, um den Wissensvorsprung der Remigranten in ihrem Herkunftsland zu nutzen? Zwei Fragen, die lange Zeit niemand stellte. Tatsache ist: Migranten aus den verschiedenen Herkunftsländern unterstützten das deutsche Wirtschaftswunder im Nachkriegsdeutschland. Doch für viele Deutsche blieben die neuen Mitbürger weiterhin fremd. Viele Politiker diskutierten problemorientiert und häufig emotional und mit Vorurteilen – und im festen Glauben, dass Deutschland kein Einwanderungsland sei.

Warum verlassen Menschen ihre Heimat? Was heißt Heimat? Für manche ist Heimat nicht an ein Land gebunden, sondern an Freunde, Familie und andere Merkmale. Menschen verlassen ihre Heimat häufig in der Hoffnung auf ein besseres Leben. Gründe sind vielfältig: Arbeit und Karrierechancen gepaart mit Perspektiven, Liebe, Sicherheit. Andere werden politisch verfolgt und wollen Asyl. Migranten wandern und verwandeln sich dabei. Der Auswanderer wird zum Einwanderer. Das ist ebenso eine Frage der Perspektive. In Deutschland galten sie lange als Ausländer, heute sind sie Deutsche mit Migrationshintergrund. Der politisch korrekte Ausdruck hört sich sperrig an. Sie kamen als Gäste, bekamen Kinder und ein Teil hat Deutschland wieder verlassen. Manche kommen dann wieder zurück, andere bleiben im Herkunftsland. Bemerkenswert ist, dass sich Deutschland selbst in den 90er-Jahren nicht als Einwanderungsland definiert hat. Deutschland, aber auch unsere Kultur wandelt sich. Wir leben in einer mobilen und globalisierten Welt, die Migration einfacher macht.

Die Türkei-Rückkehrer der 1980er-Jahre hatten nun, falls sie in den hochtechnisierten deutschen Fabriken gearbeitet hatten, ein hohes Expertenwissen über industrielle Fertigung. Da dieses Wissen aber in der Türkei nicht zum Einsatz kam, standen sie wieder zwischen zwei Welten. Ihre Kinder waren in die deutschen Schulen gegangen, hatten deutsche Freunde, gingen ins Schwimmbad, die Eltern trugen die gleichen Schlaghosen und Hippiehemden wie die Deutschen. Die rückgekehrten Kinder fühlten sich so fremd, dass für sie eigene Schulen eingerichtet wurden in der Türkei. Bei den Gesprächen mit diesen Menschen – sie sind in Teil 4 dieses Buches zusammengestellt – ist klar geworden, dass diese Gruppe der Erstgeneration aus der kollektiven Geschichte der Migranten in Deutschland gleichsam herausgefallen war – denn sie waren nicht mehr in Deutschland. In der Türkei waren sie überqualifiziert und ihre Leistungen fanden keine oder wenig Anerkennung. Ihnen Respekt zu erweisen, war ein wichtiger Impuls, dieses Buch zu schreiben. Und die Migranten sollten selbst das Wort erhalten. Schlüsselbegriffe sind dabei zum Beispiel: Heimat, Bikulturalität, Migration in Erzählungen sichtbar zu machen. Das Element des „transmigrantischen Selbst" ist in ihrem Leben eingeschrieben. Dieses entsteht über die jeweiligen Länder- oder Kulturgrenzen hinweg. Vielfältige Beziehungen und Vernetzungen. Diese können familiär, sozial oder ökonomisch sein.

Wer zählt heute zum neuen Deutschland dazu? Dazu zählen auch die so genannten Bindestrich-Deutschen wie Deutsch-Türken, Deutsch-Spanier, Deutsch-Portugiesen oder Deutsch-Italiener. Menschen, die in Deutschland geboren sind. Doch nach der Publikation „Deutschland schafft sich ab. Wie wir unser Land aufs Spiel setzen" des Ex-Bankers Thilo Sarrazin ging in Deutschland eine neue Kulturdebatte los. Sarrazin teilt die Gesellschaft in Deutschland nach dem Muster „Wir" und die „Anderen" auf. Dabei ist eine Diskussion über muslimische Migranten entbrannt, die sich, so der Vorwurf, in Deutschland zu wenig integrieren würden. Medien berichteten monatelang über das Buch. Dabei ging es auch um die Vererbbarkeit von Intelligenz und um den Islam. Es waberte wieder die Gefahr der Stereotypisierung in Deutschland: Unabhängig von den individuellen Merkmalen der Migranten, konnte ein Bild mit negativen Attributen entstehen. Dieses Buch soll helfen, dies zu korrigieren.

Die Teile 1 und 2 bestehen aus aktuellen Reportagen. Prominente und Nicht-Prominente berichten über ihre Erfahrungen. Die bekannte und preisgekrönte Autorin Emine Sevgi Özdamar berichtet über ihre Gefühle zwischen den Welten. Managerin Nina Öger und Unternehmer Kemal Şahin erzählen über ihre persönlichen Erfahrungen.

Schriftsteller wie beispielsweise der Deutsch-Ägypter Hamed Abdel-Samad werfen spannende Blickwinkel auf. Neue Aspekte, die in der aktuellen Debatte fehlen. Sie können für Migranten der dritten oder vierten Generation, denen Vorbilder fehlen, als Orientierung dienen.

Die Reportagen sind zu lesen vor dem Hintergrund einer veränderten Politik gegenüber Migranten – siehe zum Beispiel den Integrationsgipfel der Bundesregierung –, einer Wirtschaftslage, die Fachkräftemangel prognostiziert und entsprechend qualifizierte Ausländer im Land halten bzw. ins Land holen möchte. Viele qualifizierte Migranten fragen sich allerdings, ob sie nicht im Ausland mit ihrer Mehrsprachigkeit und interkulturellen Kompetenz mehr geschätzt werden als in Deutschland.

Teil 3 umfasst Interviews mit renommierten Migrationsforschern aus Hannover und Leipzig.

Teil 4 enthält Lebensberichte der oben erwähnten besonderen Gruppe von Migranten. Zahlreiche türkische Gastarbeiter, die aufgrund der Anwerbungspolitik der Bundesrepublik in den 60er-Jahren kamen und Mitte der 80er-Jahre mit dem Rückkehrförderungsgesetzes der Regierung Kohl (01. Oktober 1983) beschlossen, zurückzugehen in die alte Heimat. Das soziologische Stichwort heißt „Remigration". Die Remigranten, die hier zu Wort kommen, haben ihre Kinder in Deutschland bekommen. Dieser Teil enthält also die erzählten Erinnerungen der Eltern und ihrer Kinder, rückblickend verfasst im Jahre 2000. Anlass für das Zusammentragen dieser Berichte war eine Gastprofessur von Angelika Kubanek an der Trakya Universität Edirne. Die Texte haben einen sehr persönlichen, von der mündlichen Rede und zum Teil der besonderen orientalischen Redekultur geprägten Stil.

Für die Rückkehrerkinder gab es so genannte Anadolu Lisesi (= Gymnasien, das französische Wort Lycée steckt darin). Dies waren bilinguale Schulen, die Mathe und andere Fächer auf Deutsch erteilten und für deren Besuch eine Aufnahmeprüfung zu bestehen war. Für Kinder, die keinen Platz in diesen Schulen fanden, wurden andere eingerichtet. Es waren auch Rückkehrerkinder aus der Schweiz, Österreich oder anderen Ländern, die diese Schulen besuchten. Im Rahmen der Regelungen für deutsche Lehrer im Ausland wurden Deutsche entsandt, die den Unterricht erteilten. Eine gute Chance für die Lehrer, auch persönlich zu wachsen.

Dem Leser soll durch die Lektüre dieses Buches deutlich werden, dass die aktuelle Debatte, in der die Schlagwörter „Ausländer" und „benachteiligte Migrantenkinder" oft fallen, sehr differenziert zu führen ist und immer die Systemebene und das persönliche Schicksal einschließen sollte. Zumal ein wichtiger Teil des deutschen Wirtschaftserfolg auf die Einwanderer zurückzuführen ist. Insbesondere durch mediale Konstruktionen werden Klischees gepflegt. Das Fremde in Gestalt von Migranten wird häufig als bedrohlich empfunden. Kommunikation zwischen verschiedenen Gruppen ist ein wichtiger Ansatzpunkt für ein Zusammenleben in Deutschland. Was sind die Hintergründe für eine Rückkehr? Was bewegt die Menschen? Ein Grund ist der Wunsch, im Alter in der früheren Heimat zu leben. Laut einer aktuellen Statistik, aufgeführt in einem Beitrag von Markus Peters im Online-Portal der WAZ-Mediengruppe vom 16. Juni 2011, sinkt beispielsweise die Zahl der Türken in Deutschland. Hierin heißt es: „Seit 2005 kehren mehr Migranten aus Deutschland in die Türkei zurück, als von dort nach Deutschland zuwandern. Dafür ist allerdings in größerem Maße der starke Rückgang der Zuwandererzahlen (von über 50.000 im Jahr 2002 auf 30.000 im Jahr 2008) verantwortlich als die Zunahme der Auswandererzahlen zwischen 2006 und 2008 ... Als Gründe nennen die Statistiker neben Einbürgerungen und Sterbefällen auch Rückkehrer. Darüber hinaus ist ein Trend zur Rückwanderung in die Türkei zu verzeichnen. Im Jahr 2008 zogen 28.741 Türken nach Deutschland, im gleichen Jahr jedoch 38.889 Türken aus Deutschland in die Türkei." In der Literatur fällt auf, dass Statistiker häufig Probleme haben bei der exakten Ermittlung von Zahlen. Ein wichtiger Grund sind die Erhebungsmethoden der 80er- und 90er-Jahre und der parallele Einbürgerungsprozess.

Das Thema Remigranten ist von der deutschsprachigen Forschung eher vernachlässigt worden. Dieses Buch möchte zu einer erweiterten Perspektive beitragen. Es soll neugierig machen, zum Kennenlernen der verschiedenen Lebenswirklichkeiten anregen und Migration in einen weiteren Kontext stellen. Blickt man in die Zukunft, so sind Lösungsansätze im Bereich der Zuwanderung nicht nur wegen des Fachkräftemangels in Deutschland nötig, sondern auch aufgrund des Klimawandels ein globales Überlebensthema. Das Buch soll auch helfen, vorhandene Ängste, die seit den Terroranschlägen des 11. September 2001 und der anschließenden Entfremdung der westlichen und der muslimischen Welt voneinander herrschen, abzubauen.

Teil 1:

Geld, Freiheit, Liebe – Kommen. Bleiben. Gehen.

Schriftstellerin Emine Sevgi Özdamar
Ein Leben als Reise | *Murat Ham*

Heinrich Böll, Bertolt Brecht, Orhan Veli. Das sind Vorbilder für die deutsch-türkische Schriftstellerin Emine Sevgi Özdamar. Heute ist sie selbst Vorbild für viele Deutsch-Türken. Sie geht ihren eigenen Weg. Der Tenor ihrer Werke liegt irgendwo zwischen Betroffenheitstexten über türkische Gastarbeiter und der Abgeklärtheit der jüngeren Generation. „Als ich nach Deutschland kam, war die Welt eine andere", sagt sie und macht eine lange Pause. Sie sucht eine geeignete Stelle in ihren Büchern, um das Lebensgefühl der 60er-Jahre deutlich zu machen. Sie wird fündig. „Diese Stelle passt", betont sie, als ob sie ihre Bücher auswendig kenne.

© Helga Kneidl

Schriftstellerin Emine Sevgi Özdamar: Sie gilt als Pionierin der deutsch-türkischen Literaturszene.

Aus ihrem Roman „Die Brücke vom Goldenen Horn" liest sie vor: „Wir waren drei Mädchen, wollten bei Hertie Zucker, Salz, Eier, Toilettenpapier und Zahnpasta kaufen. Wir kannten die Wörter nicht. Zucker, Salz. Um Zucker zu beschreiben, machten wir vor einer Verkäuferin Kaffeetrinken nach, dann sagten wir Schak Schak. Um Salz zu beschreiben, spuckten wir auf Herties Boden, streckten unsere Zungen raus und sagten: ,eeee'. Um Eier zu beschreiben, drehten wir unsere Rücken zu der Verkäuferin, wackelten mit unseren Hintern und sagten: ,Gak gak gak'. Wir bekamen Zucker, Salz und Eier, bei Zahnpasta klappte es aber nicht. Wir bekamen Kachelputzmittel. So waren meine ersten deutschen Wörter Schak Schak, eeee, gak, gak, gak."[1]

Heute lebt die Autorin in Berlin-Kreuzberg. Sie gilt als Pionierin der deutsch-türkischen Literaturszene. Emine Sevgi Özdamar ist 1946 im anatolischen Malatya geboren. Sie kommt 1965 nach West-Berlin, wo sie zunächst

1 | Özdamar, Emine Sevgi (1998): Die Brücke vom Goldenen Horn, Roman, Köln, Kiepenheuer & Witsch.

in einer Fabrik arbeitet. Zwei Jahre später kehrt sie nach Istanbul zurück und besucht bis 1970 die dortige Schauspielschule. Wieder zurück in Deutschland übernimmt sie 1976 die Regieassistenz an der Volksbühne in Ost-Berlin. Dann geht es Schlag auf Schlag: Sie schauspielert in verschiedenen Theatern sowie beim Film und arbeitet als Regisseurin von Brecht-Stücken. Für zwei Jahre ist sie für die Brecht-Inszenierung „Der kaukasische Kreidekreis" von Benno Besson in Avignon und Paris. Von 1979 bis 1984 folgt ein Engagement als Schauspielerin beim Bochumer Schauspielhaus unter der Intendanz von Claus Peymann. 1982 bekommt sie den Auftrag für das Theaterstück „Karagöz in Alamania", Schwarzauge in Deutschland, das 1986 in der Uraufführung am Frankfurter Schauspielhaus unter ihrer Regie zu sehen war. Sie erhält zahlreiche Auszeichnungen, zum Beispiel 1991 den Ingeborg-Bachmann-Preis, 1999 den Albert-von-Chamisso-Preis, den Kleist-Preis 2004, 2009 den Fontane-Preis und 2010 die Carl-Zuckmayer-Medaille.

Was zeichnet so ein bewegtes Leben, was zeichnet Emine Sevgi Özdamar aus? Reisen und Wandern zwischen den Kulturen ist ein Lebensprojekt der Autorin. Das spiegelt sich in ihren Büchern wider, die teilweise autobiographisch sind. Ihre Romane „Das Leben ist eine Karawanserei", „Die Brücke vom Goldenen Horn", „Seltsame Sterne fallen zur Erde" sind Belege für den Reichtum der Kulturen. „Ich nehme meine Leser mit, wie auf eine Zugfahrt. Eine Reise zwischen den Kulturen", sagt sie. Deutschland und die Türkei, Europa und Asien – Schauplätze von Leben und Werk der prominenten Schriftstellerin. Sie versteht ihr eigenes Leben als Reise.

Die Autorin gibt Deutschland ein Gesicht der ethnischen Vielfalt. Ihre Werke bieten für alle Einwanderergruppen Möglichkeiten zur Identifikation und eröffnen Chancen-Träume. Was treibt diese Schriftstellerin an? Wo schöpft sie Kraft für ihre Bücher? „Die Liebe zur Sprache. Die Ästhetik." Wenn sie spricht, sprüht sie vor lauter Leidenschaft. Und die Inspiration? „Berlin bietet viel. Ich fühle mich wohl hier. Viele Menschen – wie ich – sind Zugezogene. Ich habe hier ein anderes Gefühl als beispielsweise in Düsseldorf. Berlin fühlt sich gut an."

Wenn Deutsch-Türken heute in die Heimat ihrer Eltern zurückgehen, dann kommt das einer Auswanderung gleich. „Deutschland ist heute ein offenes

Land. Schön wäre, wenn die Vorteile auch für Deutsch-Türken sichtbarer werden. Sie sollten sich am deutschen Zeitgeschehen beteiligen und teilhaben", unterstreicht die Schriftstellerin. Kultur verändere sich. „Deutschland und die Menschen wandeln sich."

Folgen Deutsch-Türken einer Illusion? Warum bringen sie ihre Bikulturalität nicht in Deutschland ein? Flüchten sie? Gründe für eine Remigration können wirtschaftlicher Natur sein oder die Liebe im Land der Väter und Mütter, aber auch Vorurteile in Deutschland können die Entscheidung beeinflussen. „Sie tun Deutschland nicht weh im emotionalen Sinne – auch wenn die Gesellschaft altert. Jeder entscheidet über sein Leben", steht für die Schriftstellerin ebenso fest. Sie überlegt und fügt einen abschließenden Satz hinzu: „Schön wäre, wenn die Menschen die gleichen Chancen hätten."

Die Grenzgängerin | *Murat Ham*

Managerin Nina Öger: Ihr Vater Vural Öger hat sich einen Namen in der Reisebranche gemacht.

Sie ist schlank und zierlich. Nicht nur hübsch, sondern auch intelligent ist sie. In einer Umfrage der Bild-Zeitung ist Nina Öger 2008 auf den 41. Platz der 50 schönsten Frauen Deutschlands gelandet. „Meine Mutter ist Model gewesen", sagt sie und lacht. „Aber mein Vater kann sich auch sehen lassen." Die Geschichte Öger startet mit den deutschen Wirtschaftswunder-Jahren. Der Vater Vural Öger kommt in den 60er-Jahren als junger Türke nach Berlin und studiert Bergbau. Er verkauft Flüge in die Türkei für türkische Gastarbeiter. In dieser Zeit lernt er auch seine zukünftige Frau kennen. Eine Berlinerin. Das Geschäft läuft und wächst stetig. Millionen-Umsätze sind das Ergebnis. Öger Group Deutschland zählt zu den größten deutschen Reiseveranstaltern.

Der Hauptsitz des Unternehmens ist Hamburg. Das ist auch der Geburtsort von Nina Öger. Nach dem Abitur geht sie für ein Jahr in die USA und studiert anschließend Internationale Betriebswirtschaft mit Auslandsaufenthalten in London und Madrid. „Ich musste auch öfter mal raus aus Deutschland.

Ich weiß noch genau, dass ich mich mit meinem türkischen Background während meiner Schulzeit in Deutschland öfter nicht wohlgefühlt habe", erinnert sie sich. „Knoblauchfresserin und andere Wörter dieser Art hörte ich hier und dort. Als Jugendliche habe ich mich sogar geschämt für das Türkische." Als Studentin will sie als Kellnerin jobben, aber der Vater will etwas anderes: Nina soll im Unternehmen arbeiten. Am Anfang verkauft sie Flüge und verschickt Kataloge. „Eine tolle Zeit. Ich habe viel gelernt." 2003 tritt Nina Öger in die Geschäftsleitung ein. Sie pendelt zwischen Hamburg und Istanbul. Das Arbeitspensum liegt täglich bei mehr als zehn Stunden. Der enge Kontakt zum Vater formt Nina Öger.

„Meine Eltern sind beide stark. Insbesondere mit meinem Vater hatte ich am Anfang viel Stress, da verschiedene Arbeitsweisen aufeinander gestoßen sind", betont die heute 37-Jährige. „Alte Strukturen knacken und neue Ideen aufwerfen ist keine einfache Sache." Länder verändern sich mit der Zeit. Ansichten ebenfalls. Dafür hat Nina Öger einen Radar. „Heute ist die Türkei, vor allem Istanbul, en vogue."

Hinter der Leichtfüßigkeit verbirgt sich eine Perfektionistin. „Für meine Mitarbeiter kann ich manchmal auch anstrengend sein." Nina Öger hat einen eisernen Willen, auch wenn sie viel lächelt. Das hat sie auch aus harten Zeiten gelernt, beispielsweise durch die Scheidung ihrer Eltern im Jahr 1982. Mit acht Jahren ist sie ein Scheidungskind geworden. Jetzt lacht sie wieder, kurz und prägnant, ha-ha-ha – wie in einem Comic. Die Situation kippt, und sie wird wieder ernst: „Nichts ist stärker als die Realität, man muss nur die richtige Perspektive wählen."

Täglich ist sie aufs Neue hin- und hergerissen: Hier das Unternehmen, dort ihr 2002 geborenes Kind Ada. „Karriere und Kind unter einen Hut zu kriegen ist nicht immer einfach. Aber es muss irgendwie gehen." Ganz ohne Kinderfrau geht es aber nicht.

Der Arbeitsalltag beinhaltet viele Meetings. Ihre heute neunjährige Tochter kann auch vereinbarte Termine manchmal durcheinanderwirbeln. „Ich will für meine Tochter immer da sein." In ihrem Leben ist kein Platz für herkömmliche Beziehungen. „Hallo, Schatz, wie war die Arbeit? Was essen wir? Diese Fragen täglich stellen. Das gab es nie." Der Vater ihrer Tochter ist ein türkischer Hotelier. „Nach der Geburt unseres Kindes haben wir uns getrennt. Ada ist nun auch ein Scheidungskind", sagt sie mit einer ironischen Stimme. Doch die Ironie ist Wirklichkeit. Wenn das Thema ihre Tochter ist, dann verändert sich ihre Aussprache. So, als ob jemand Zucker auf ihre Stimmbänder schüttet.

Mit ihrer Tochter spricht sie Türkisch und Deutsch. Das kennt sie selbst nur zu gut. Die Mutter Berlinerin, der Vater aus einer Offiziersfamilie in Istanbul. Unterm Strich ein liberales Elternhaus. „Mit meinem Vater diskutieren wir das Problem und treffen uns in der Mitte", sagt sie. „Wir kommen aus verschiedenen Generationen und lösen Probleme auch anders." Sie habe das südländische Temperament ihres Vaters, die deutsche Disziplin ihrer Mutter. „Beide Kulturen zu kennen ist ein Gewinn. Deutschland sieht diesen Reichtum jetzt besser als noch vor Jahren."

Auf der anderen Seite seien die Istanbuler zum Teil moderner als viele türkische Migranten in Berlin. In Istanbul entwickle sich eine junge, dynamische Bevölkerung. Moderne Wohnsiedlungen, errichtet dort, wo früher die Gecekondus – „über Nacht hingestellt" – standen, die zumeist einfachen Bauten neu Zugezogener aus Anatolien. Seit 2001 wächst die türkische Wirtschaft stetig. Kartelle und Korruption behinderten den Wirtschaftsaufschwung. „Im Moment lebe und arbeite ich gerne in Istanbul", erzählt die Frohnatur.

Der Schritt in die Bosporus-Metropole im Jahr 2009 hat eine Vorgeschichte, die mit dem Unternehmen zusammenhängt. Mit der Kartellfreigabe Mitte September 2010 war die Übernahme des Reiseveranstalters Öger Tours durch Thomas Cook beschlossene Sache. Dies führte zu einem Wechsel in der Geschäftsführung: Vural und Nina Öger sind aus dem Management des Unternehmens ausgeschieden. Doch der Vater Vural Öger arbeitet weiter als Mitglied des Aufsichtsrates der Thomas Cook AG. Und Nina Öger leitet nach wie vor die Holiday Plan mit rund 2.000 Mitarbeitern, in der das Türkei-Geschäft gebündelt ist.

„Bewegen wir uns nicht ständig zwischen Gegensätzen, auf der Suche nach Orientierung? Pendeln wir nicht zwischen Fern- oder Heimweh?", fragt sie wie eine Philosophin. Nina Öger fliegt oft zwischen Hamburg und Istanbul hin und her. „Das ist auch mein Leben. Der Abschied von meiner Tochter fällt mir aber am Schwersten." Häufig sei es nach Mitternacht, wenn sie in ihrer Istanbuler Wohnung sei. „Meine Tochter und ich sind sehr eingespielt. Sie wird – wie ich auch – ihren Weg gehen. Grenzen überschreiten. Den Reichtum der Kulturen erkennen und leben. Das ist unser Erfolg und wird es bleiben", bringt sie noch über ihre Lippen – und wir beenden unser Gespräch.

Schauspielerin Şiir Eloğlu
Die Virtuosin | *Murat Ham*

Die braunen, geschliffenen Dielen in ihrer Wohnung sehen aus, als hätte sie jemand mit der Zahnbürste geschrubbt. Vor ihrem Haus wippen die Blätter der Bäume. Die Küche, ihr Schreibtisch, das Wohnzimmer – nirgendwo lässt sich auf den ersten Blick Staub finden. Şiir Eloğlus Berliner Hinterhof-Altbauwohnung liegt im bürgerlichen Charlottenburg. Hohe Decken, hunderte von Büchern, etliche Bilder hängen an der Wand. Sie zeigt auf die Werke ihres Vaters Metin

Schauspielerin Şiir Eloğlu verkörpert in ihren Rollen verschiedene Gesichter: „Meine Figuren haben mit meinem Leben kaum etwas zu tun."

Eloğlu, dann greift die Tochter nach einigen seiner Bücher. Plötzlich wirkt der Raum wie verzaubert. Ruhe kehrt ein, Schweigen. Ihr Vater habe sich nicht nur als Maler, sondern vor allem als Lyriker in der Istanbuler Kunstszene einen Namen gemacht. In den 60er- und 70er-Jahren werden seine Werke mit Literaturpreisen belohnt. Er war ein Existenzialist – wie auch Jean-Paul Sartre, Simone de Beauvoir oder Albert Camus. „Zurück bleiben vage Erinnerungen und Gedanken an ihn, denn richtig gekannt habe ich ihn nicht", bringt die ausgebildete Schauspielerin über ihre dünnen Lippen. „Er ist in meinem Herzen."

Die Geschichte ihrer Mutter startet kurze Zeit nachdem Mustafa Kemal Pascha – seit 1934 Atatürk, „Vater der Türken" – am 29. Oktober 1923 die Republik Türkei ausruft und parallel die Hauptstadt von Istanbul nach Ankara verlegt wird. Ihre Mutter Güzin Ergur kommt 1924, der Vater 1927 in Istanbul auf die Welt. Zuvor kam es zum faktischen Zusammenbruch des Osmanischen Reiches, das im ersten Weltkrieg an der Seite der Mittelmächte kämpfte. Eine Zeit, in der die türkische Gesellschaft tiefgreifende Reformen im politischen und gesellschaftlichen System erlebt. „Meine Eltern sind die

Kinder dieses Aufbruchs. Das ist der Neuanfang einer Republik", erinnert sich Şiir, zu Deutsch „Gedicht".

Atatürk will die Türkei zu einem modernen, säkularen und am Westen orientierten Staat formen. 1922 wird das Sultanat abgeschafft, ein Jahr später das Kalifat. 1924 tritt die neue Verfassung in Kraft. Religiöse Gerichte werden ebenso abgeschafft. 1925 wird im Zusammenhang mit der Hutreform der Fez, die traditionelle türkische Kopfbedeckung der Männer, verboten. Kurze Zeit später wird der Schleier für Frauen untersagt. „Für unsere Familie ein Dorn im Auge", fügt sie hinzu.

Die islamische Zeitrechnung wird ad acta gelegt, parallel der Rumi-Kalender abgeschafft, der Gregorianische Kalender eingeführt. Säkularisierung und Laizismus werden in der Verfassung verankert. Im Eiltempo kommt eine Reform nach der anderen: 1928 wird die arabische Schrift durch die lateinische ersetzt. Ebenso wird auch die Gleichstellung von Mann und Frau Realität. 1934 bekamen Frauen das aktive sowie passive Wahlrecht. Zum Vergleich: Die Schweiz hat das Frauenwahlrecht erst 1971 nach einer erfolgreichen Volksabstimmung auf Bundesebene eingeführt. Der Kanton Appenzell Innerrhoden führte das gleiche Recht auf kantonaler Ebene erst 1990 ein. „Wenigstens hier hat die Türkei mal die Nase vorn", scherzt Şiir.

Şiirs Mutter studiert französische Literatur und Journalistik in Istanbul. Sie arbeitet Ende der 50-Jahre als Feuilleton-Redakteurin für die Monatszeitschrift „Kadın" – Frau. „Auf dem Papier hatten sie formal gleiche Rechte zu der Zeit. Aber die Wirklichkeit war dann doch – wie so oft – anders." Wer die Geschichte von Şiir verstehen will, muss das Leben und die Umstände der Zeit kennen.

Zurück in die Gegenwart: In welchem Zusammenhang steht Şiirs Leben mit den Thesen Thilo Sarrazins aus dem Jahr 2010? „Thilo Sarrazin kennt die Antworten sicher nicht. Die Probleme in Deutschland wird er genauso wenig lösen." Şiirs Vita hat zwar mit den grell beleuchteten Bildern aus der Welt von Thilo Sarrazin nichts zu tun. „Doch alte Bilder bleiben in den Köpfen der Menschen. In den Medien werden – nach wie vor – viel zu oft Klischees bedient. Alte Zöpfe, die längst abgeschnitten sein müssten."

Sie verkörpert in ihren Rollen verschiedene Gesichter. „Meine Figuren haben mit meinem Leben kaum etwas zu tun." Viele Zuschauer kennen sie in der Rolle der Leyla Yilmaz aus dem Kinofilm „Almanya – Willkommen in Deutschland" aus dem Frühjahr 2011. Sie verkörpert hier die einzige Tochter einer türkischen Einwandererfamilie, die gleichzeitig Mutter einer Tochter ist. Der Film hat in zwei Monaten über eine Millionen Besucher verbucht und ist im April 2011 mit zwei LOLAs – Deutscher Filmpreis in Gold für das beste Drehbuch und in Silber für den besten Film – ausgezeichnet worden.

Im Oktober 1961 ist das deutsch-türkische Gastarbeiterabkommen abgeschlossen worden. „In rund 50 Jahren haben sich genug Geschichten angesammelt. Liebe, Sehnsucht, Trennung, Einsamkeit, Krankheit, Tod, Schmerz – die Liste ist lang. Vielleicht haben wir auch bald ein überfälliges Museum mit vielen Geschichten." Denn Wissen schafft Vertrauen, an dem es in Deutschland oft noch auf beiden Seiten hapert. Was ist kultur- oder schichtspezifisch? Und welches Verhalten ist bildungsabhängig? Was ist typisch Deutsch beziehungsweise Türkisch? Was ist einfach nur menschlich? „Klare Antworten darüber kennt niemand. Ein großes Durcheinander kennzeichnet das Migrationsthema in den Medien. Zumindest individuelles Ringen nach Liebe und Geborgenheit kennt keine Grenzen."

Wir gehen spazieren und suchen ein Café. Wenige Minuten von ihrer Wohnung entfernt werden wir fündig. „Das ist mein Kiez, hier kenne ich mich aus", sagt sie augenzwinkernd. Wie kleine Farbkleckse im Bild verteilen sich die Gäste im Café. „Dort können wir uns ungestört unterhalten." Vor jeweils einer Tasse Cappuccino und Milchkaffee setzen wir unseren Plausch fort. Die elegante Frau mit dicken schwarzen Haaren legt einen blauen Schal über ihren weißen Pulli mit weitem Dekolleté. Sie trägt eine sportliche blaue Jeans, athletische Schuhe, die ihre schlanke Figur unterstreichen. Die Leute im mondänen Café sehen sie an. Ein Grund ist ihre aufrechte Gestalt, die tänzelnden Schritte, ihr Charisma. Das Café hat jedenfalls nicht den Charme eines Geldwäscher-Ladens, den wir aus einigen ihrer Filme kennen.

In unserem Gespräch reisen wir gedanklich wieder zurück in die 60er-Jahre. 1965 kommt Şiir zur Welt. Sie ist vier Jahre, als sie mit ihrer Mutter und ihrem Bruder Hasan von Istanbul nach Calw einwandert. Vorausgegangen ist das Scheitern der Ehe ihrer Eltern. „Mein Vater war kein Familienmensch. Und meine Mutter wiederum war zu eigenwillig und intellektuell. Verschiedenheit als Grundlage für hohe Reibungsverluste. Das hatte Folgen für uns alle." Sie schweigt und überlegt: „Zur Liebe gehört auch der Schmerz. Da wir vom anderen immer zu viel erwarten, Realität und Fiktion gegenüber dem Partner klaffen nicht selten auseinander."

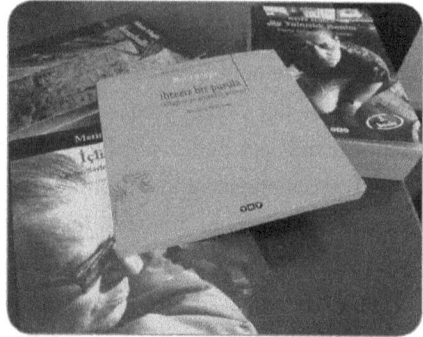

Bücher von Metin Eloğlu: Şiir Eloğlus Vater hat sich vor allem als Lyriker in der Istanbuler Kunstszene einen Namen gemacht. In den 60er- und 70er-Jahren werden seine Werke mit Literaturpreisen belohnt.

Nach kurzem Aufenthalt im Nordschwarzwald, in der Geburtsstadt Hermann Hesses, zieht die Familie nach Köln um. Parallel dazu erlebt die türkische Gesellschaft auch eine schwierige Zeit. Innerhalb von knapp zehn Jahren – 1960–1961, 1971–1973 – hat sich das türkische Militär zweimal an die Macht geputscht, vorgeblich um die immer wieder auftauchenden politischen Krisen einzudämmen. „Im politischen Wirrwarr der damaligen Türkei sah meine Mutter unser Glück eher in Deutschland. Sie hatte eine große Sehnsucht nach Ruhe, Geborgenheit und eine Neugier auf das Fremde. Eigentlich nur menschlich." Şiir wirkt bei ihren Kindheitserinnerungen, als ob sie die Rückschau genießt. Ihre atypische Familiensituation zeigt die Nähe zwischen Sonnen- und Schattenseiten im Leben.

Nach ihrem Abitur in Köln studiert Şiir in den 80er-Jahren vier Jahre an der staatlichen Saarbrückener Schauspielschule. Nach ihrer Ausbildung wird sie ruck, zuck engagiert: Zunächst in Erlangen, dann in Oberhausen, anschließend gehört sie knapp zweieinhalb Jahre dem Ensemble des Kölner Schauspielhauses an. 1991 ist die Schauspielerin im Kinofilm „Happy Birthday, Türke!" von Döris Dörrie zu sehen und in der Zeit zwischen 1993-1996 übernimmt sie die Rolle der Assistenzärztin Dr. Nesrin Ergün in der RTL-Serie „Stadtklinik". Dann geht es Schlag auf Schlag: Engagements im Düsseldorfer Schauspielhaus im Sophokles' Drama Antigone und Aischylos' Tragödie

„Sieben gegen Theben". Das Stück lief auch in Epidaurus, eine wichtige antike Kultstätte für den griechischen Heilgott „Asklepios" - Gestalt aus der Sagenwelt. Şiir spielt neben ihren Kollegen im antiken Theater – unter freiem Himmel vor rund 7.000 Menschen. „Das war der Hammer", erinnert sie sich und nippt an ihrer Cappuccino-Tasse. „Auf diese Zeit blicke ich gerne zurück. Einfach schön."

2009 ist ein besonderes Jahr: Şiir übernimmt eine wichtige Rolle bei einer internationalen Kinoproduktion. „Das ist etwas Besonderes." In dem Schweizer Drama „180°" spielt sie Ülker Özel unter der Regie von Cihan Inan. Bald werde sie auf verschiedenen Festivals für den Film werben. Zum Beispiel 2011 im kanadischen Sudbury. Zu dem internationalen Ensemble sind auch Sophie Rois und Christopher Buchholz mit dabei. In der Krimi-Reihe „Tatort" hat die vielseitige Künstlerin ebenso Rollen bekleidet.

Während sie beruflich erfolgreich ist, hat sie verschiedene private Schicksalsschläge erleben müssen. Ihr Vater stirbt 1985, ihr Bruder Hasan 2001 und die Mutter 2008. „Endlichkeit gehört zum Leben", sagt sie mit trauriger Stimme. „Tod und Leben gehören zusammen. Abschiede sind ein besonderes Kapitel im Leben." Die Gräber sind an verschiedenen Orten: Das des Vaters in Istanbul, jene der Mutter und des Bruders im muslimischen Teil eines Kölner Friedhofs. „Das ist wirklich hart. Ich werde sie alle nie vergessen. Sie gehören trotzdem weiterhin alle zu mir."

Der Blick auf das Lebensende schärfe ihre Wahrnehmung für das Leben. Wer außerhalb der Gesellschaft steht, ist bei sich. Grenzen sind konstruiert. Das gelte auch für Ländergrenzen. In den 90er-Jahren steigt sie in die Transsibirische Eisenbahn und fährt bis Wladiwostok. Im Frühjahr 2011 fliegt sie nach Japan. „Die Ruhe. Meine Grenzen erfahren. Abseits der Lichter. Das liebe und brauche ich zwischendrin." Und was ist mit der Liebe in ihrem Leben? Wo sind die Grenzen bei Şiir? „Ich bin zurzeit alleine. Besser so als zu zweit einsam." Oft sei die Rede von der besseren Hälfte. „Ganze Partner brauchen wir und nicht Hälften. Denn Freiheit für beide Partner ermöglicht wahrhafte Liebe. Diese Grundlage fehlt bei vielen Paaren." Dabei spiele die Kultur keine Rolle. Keine Projektionen oder Illusionen bräuchten wir, sondern am Ende zähle auch hier die Realität. „Menschen vermischen die Themen zu oft."

Wir begleichen unsere Rechnung in der Lokalität. Auch vor dem Café wippen die Blätter der Bäume. Plötzlich kehrt Ruhe ein. Stille. Wieder ein kurzes Schweigen. Wir schauen die Bäume an – drum herum Vogelgezwitscher. Şiir: „Nach meinen Auslandsbesuchen treffen wir uns wieder." Wir lächeln uns an, kurze Zeit später trennen sich unsere Wege.

Şiir Eloğlu liest aus einem Buch von ihrem Vater: „Er ist in meinem Herzen."

Unternehmer Kemal Şahin
Im Reich der Kulturen | *Murat Ham*

Es ist im Herbst 1973, als der junge Mann aus dem anatolischem Konya nach Deutschland einwandert. Alles ist in Bewegung. Der 18-Jährige hat Träume, Pläne und will mit seinem Stipendium in der Tasche Ingenieurwissenschaften in Aachen studieren. Seine Eltern sind arme Bauern im Taurusgebirge. Kemal Şahin büffelt, jobbt in den Semesterferien in Metallproduktionsstätten und wird Diplom-Ingenieur. „Das war eine harte Zeit", erinnert er sich. „Ich meine nicht das Studium,

Unternehmer Kemal Şahin:
„Wir sollten nicht zu viel über Probleme, sondern mehr über Lösungen sprechen."

sondern die Aufforderung der deutschen Behörde, sich von Land und Leuten zu trennen." Gegen Ende seines Studiums drohte die Abschiebung und die einzige Chance war, ein eigenes Geschäft auf die Beine zu stellen. Er gründet eine Firma. „Das ist meine Rettung gewesen." Startkapital: 5.000 Deutsche Mark. Kemal Şahin darf in Deutschland bleiben. 1982 eröffnet der damals 27-Jährige in seiner Not einen Geschenkeladen und investiert sein gesamtes Geld, das er sich durch Ferienjobs erspart hat. Der kleine Laden hat gerade einmal 30 Quadratmeter. Sein Geschäft mit Geschenkartikeln, einfachen T-Shirts und Teppichen wächst stetig an. Kemal Şahin begreift die Krise als Chance und hat Erfolg.

Der Traum wird Realität. Aus dem kleinen Laden entwickelt sich die Großhandelsfirma Santex. Kemal Şahin hat heute ein internationales Unternehmen aufgebaut: 26 Firmen in 14 Ländern und 4 Kontinenten, über 10.000 Beschäftigte weltweit, etwa 700 Mitarbeiter der Şahinler Holding arbeiten in deutschen Betrieben, der Santex GmbH und der Vestino GmbH. Die Zentrale der europäischen Şahinler Group liegt in Würselen. Von der Bosporus-Metropole Istanbul aus regelt er das Geschäft für weitere Unternehmen. „Ich

33

pendle viel zwischen Deutschland und der Türkei. In mir sind beide Kulturen. Mein Kapital ist auch meine Herkunft." Und wie lautet sein Erfolgsrezept? Die Antwort kommt prompt: „Verschiedene Tugenden aus unterschiedlichen Kulturen ausleben. Deutsche können von Türken lernen und umgekehrt." Deutsche seien eher pünktlich, diszipliniert und zuverlässig und die Türken wiederum kreativ, kontaktfreudig und flexibel. Das Konzept geht auf: Seit einigen Jahren investiert der Textil-Unternehmer ebenso in afrikanische Märkte und im Nahen Osten.

Kemal Şahin ist der Beweis einer besonderen Karriere mit schwierigem Start und ein Stück weit ein Spiegel für die Migrationsgeschichte in Deutschland. Warum? Die Vita zeigt auf, mit welchen Problemen sich Unternehmer mit ausländischen Wurzeln auseinandersetzen müssen. Seine Stimme verrät auch die unausgesprochenen Spannungen zwischen Deutschen und Türken. Das fehlende Wissen übereinander und der Mangel an gegenseitigem Vertrauen. „Wir sollten nicht zu viel über Probleme, sondern mehr über Lösungen sprechen", unterstreicht er und wiegelt das Thema Spannungen ab. „Als ich damals meine Eltern in Anatolien besucht habe, wollte ich sie nicht mit Problemen belästigen. Ich wollte, dass sie sich keine Sorgen machen."

Neben seiner Unternehmertätigkeit engagiert er sich auch als Beiratspräsident bei der TD-Plattform, einer Vereinigung von deutsch-türkischen Studierenden und Jungakademikern in Köln. Zudem ist er Gründungspräsident und Mitinitiator von namhaften türkisch-deutschen Organisationen wie zum Beispiel der Türkisch-Deutschen Industrie- und Handelskammer (TD-IHK), dem Verband Türkischer Unternehmer und Industrieller in Deutschland (ATI-AD) und der TEMA Naturschutz-Stiftung. Auf einer Berliner Veranstaltung kürzlich referiert er locker über sein Unternehmen in einem hellen Nadelstreifenanzug mit elegantem weißen Einstecktuch. Durch den Einsatz von Körpersprache ist seine Rede nicht nur emotional, sondern auch sehr überzeugend. Zwischendurch kommt wieder das Verhältnis zwischen Deutschen und Türken zur Sprache. „Ich will das Bild von Türken in Deutschland ändern. Das Zeitalter der Vorurteile soll der Geschichte angehören", sagt er, und die Zuhörer glauben seinen Worten. Dabei bekommt auch Autor und Ex-Banker Thilo Sarrazin einen Seitenhieb: „Er schürt eher Vorurteile. Seine Statements sind einfache Stammtisch-Parolen." Seine drei Söhne seien keine Einzelbeispiele für eine gelungene Integration in Deutschland. Akin und Deniz Şahin sind 25 und 23 Jahre alt, die beiden Älteren in der Familie Şahin. Der 15-jährige Baris ist der jüngste Filius, der heute mit seiner Mutter in Istanbul lebt. „Das Privatleben ist nicht immer einfach. Das ist manchmal auch der Preis für den Erfolg", sagt er mit einer nachdenklichen Stimme. Seine Söhne besuchten internationale Schulen in England, in den USA, Holland, Deutschland und der Türkei. „Sie sollen den Reichtum der Kulturen leben und nutzen. Sie sind auch Weltbürger. Kosmopoliten."

Die Şahin-Söhne arbeiteten in den Ferien im väterlichen Unternehmen. „Ich bin davon überzeugt, dass sie meine Nachfolger werden wollen. Sie kennen sich aus, aber in den verschiedenen Kulturen ebenso." Er bekomme auch Bewerbungen von Deutsch-Türken, die nach Istanbul auswandern wollen. Der Grund dafür ist laut Şahin nicht rational, sondern emotional – viele fühlten sich in Deutschland nicht dazugehörig. „Eigentlich sind dies die jungen Fachkräfte, die Deutschland braucht. Wir müssen ihnen das Gefühl geben, Deutsche zu sein. Deutschland braucht sie bei der demographischen Entwicklung. Wir dürfen sie nicht gehen lassen." Der türkische Arbeitsmarkt habe andere Regeln, die viele Deutsch-Türken vor Probleme stellen. „Sie vermissen beispielsweise oft die deutschen geklärten und rechtlich abgesicherten Arbeitsbedingungen und kommen mit der willkürlichen Führungsmentalität der inhabergeführten Mittelstands- und Kleinunternehmen nicht klar, so dass ein Teil wieder nach Deutschland zurückkehrt." Zurzeit sei vieles in Bewegung.

Der schlanke Mann bewegt sich – wie im Arbeitsleben – auch privat viel. Er spielt Tennis und schwimmt. Er läuft gerne lange Strecken und lauscht dabei verschiedenen Hörbüchern. „Stephan Covey. Der 8. Weg. Ein sehr spannendes Buch." Kemal Şahin holt Luft und überlegt einen Moment. „Deutschland braucht einen neuen Weg in puncto Migration. Die Welt ändert sich. Das gilt auch für Deutschland." Nach den nachdenklichen Worten kann er auch wieder lachen und zeigt seine flexible Seite: „Das Leben besteht nicht nur aus Arbeit. Bei unserem nächsten Gespräch vertiefen wir die Sache. Das Thema ist mir wichtig. Jedenfalls steht heute wieder Laufen auf dem Programm."

Schriftsteller Hamed Abdel-Samad
Der Abtrünnige | *Murat Ham*

Rund sechs Stunden Zugfahrt von Berlin nach München ohne Nervennahrung, das wird schwierig. Hungrig im Zug. Das ruft schlechte Laune hervor. Dafür gibt es aber keinen Platz. Der ICE fährt ein. Ab in den Zug. Gott sei Dank gibt es keine böse Überraschung. Das heißt: Volle und muffige Abteile, gestresste Schaffner und natürlich Verspätung. Der Zug rattert von Halt zu Halt. Angekommen in München ist es keine halbe Stunde, bis ich den deutsch-ägyptischen Autor Hamed Abdel-Samad treffe.

Autor Hamad Abdel-Samad:
„Ich sehe mich nicht immer nur als Opfer.
Ich bin selbst ein Teil in diesem Konflikt."

Das Wetter im Wonnemonat Mai ist ähnlich wie in Berlin sonnig, und es fühlt sich wie Hochsommer an. Ein lächelndes Gesicht schaut zu mir herüber. Hamed Abdel-Samad sitzt bereits im Café, um ihn herum läuft die Bedienung. Er ist gut gelaunt – und wir begrüßen uns. Er sitzt bereits vor einer Tasse Cappuccino und schaut auf seine Uhr. „Pünktlich – nicht schlecht." Ich bestelle eine Latte macchiato – und erzähle ihm, dass ich auf der Zugfahrt Fahrgäste beim Lesen seiner zwei Bücher beobachtet habe. „Mein Abschied vom Himmel: Aus dem Leben eines Muslims" und „Der Untergang der islamischen Welt: Eine Prognose". Er muss jetzt erst mal Luft holen und freut sich.

Hamed Abdel-Samad ist 1972 im ägyptischen Gizeh geboren und aufgewachsen, lebt heute als Politikwissenschaftler und Autor in München. Er ist der Sohn eines Imams und drittes von fünf Kindern. Seine Erziehung war streng religiös. „Als Kind bin ich mit dem Koran aufgewacht und eingeschlafen", erzählt er und lacht. Sein Leben ist auch von harten Erlebnissen gekennzeichnet: Als er vier Jahre alt war, hat ihn ein 15-Jähriger vergewaltigt, sieben Jahre später ereilt ihn das gleiche Schicksal mit einer Gruppe Jugendlicher auf einem Friedhof. In der islamischen Welt sieht er heute eine sexuelle Doppelmoral vorherrschen, da diese im Widerspruch zu der Natur des Menschen stehe. Die Ehre der Frau und ihre Jungfräulichkeit vor der Ehe seien wichtig. „Gleichzeitig gibt es für viele junge Menschen keine finanzielle Basis. Sex vor der Ehe ist in der islamischen Kultur tabu. Eine Folge ist: Die erotischen Phantasien werden mit jungen Knaben ausgelebt. Sie sind das schwächste Glied in der Kette. Sie können sich nicht wehren. Außerdem haben sie keine Jungfräulichkeit zu verlieren. Bei Frauen wäre dies eine Katastrophe, hingegen bei Jungen hat das keine Relevanz."

Wie sieht es mit Vergeltung aus? Rachegefühle? Hamed Abdel-Samad nippt traurig an seiner Cappuccino-Tasse und erzählt offen, dass er die Täter erkennen würde. „Aber Rache hilft dabei nicht. Ich habe darunter einen Strich gezogen." Mit 23 Jahren kommt er 1995 nach Deutschland. Deutsch konnte er damals nicht. Fuß fassen, aber wie? Freiheit ist für Hamed Abdel-Samad ein neues Kapitel und Lebensgefühl zugleich. Nach einer gewissen Zeit geht er seinen Weg. Er studiert. Politik in Augsburg. Zuvor Englisch und Französisch in Kairo.

Lebenskrisen kennt Hamed Abdel-Samad: „Den Boden unter den Füßen zu verlieren, das kenne ich. Ich spielte sogar mit den Gedanken, Gewalt in irgendeiner arabischen Vereinigung anzuwenden." Glücklicherweise sei er in dieser Phase nicht in „einer extremistischen Gruppe gelandet". Nach genau solchen Individuen, die abgekapselt seien, suchen sie. „Menschen mit einer doppelten Entfremdung: Sie fühlen sich von islamischen Organisationen und der deutschen Gesellschaft nicht repräsentiert und akzeptiert. Diese Menschen haben Identitätsprobleme und laufen häufig einer Illusion nach, die sie von islamischen Organisationen vermittelt bekommen."

Fühlt sich Hamed Abdel-Samad – vor allem nach seinem Aufenthalt in Japan – heute wohl in Deutschland? Was sind die Gefühlsebenen nach seiner Rückkehr aus dem Reich Nippons? Hat ihm die Auswanderung gut getan? Hier überlegt er nicht lange: „Das war ein langer Prozess. Ich verließ Deutschland, um festzustellen, dass ich Deutschland schätze." Am Ende dauert die Japan-Zeit ein Jahr. „Deutschland hat mich verärgert, dass viele Menschen zu selbstkritisch sind, immer nörgeln, über alles schimpfen und alles zerreden."

In Japan wiederum erlebt er das Gegenteil: „Die Japaner sprechen eine Sache nie offen aus. Sie zeigen ihre Gefühle nicht. Sie diskutieren die Dinge nicht, wenn es um Politik und Religion geht. Dann habe ich dort interessanterweise die Deutschen sogar vermisst. Die Diskussionen, bei der jeder seine Meinung offen und ehrlich ausspricht." Welche Erkenntnisse nimmt er aus Japan mit? „Wo ich lebe ist nicht das Problem. Ich schleppe meine Probleme überall mit. Sie sind ein Teil von mir. Wenn ich verreise oder auswandere." Heute weiß er: „Ich sehe mich nicht immer nur als Opfer. Ich bin selbst ein Teil in diesem Konflikt."

So ähnlich sei das auch mit Thilo Sarrazin, der von dem Vormarsch eines übermächtigen Islams ausgeht. „Wir brauchen eine unverkrampfte Streitkultur, die in Deutschland fehlt. Zu viel Verkrampfungen und Dünnhäutigkeiten auf Seiten von deutschen Politikern, aber auch von muslimischen Verbänden. Ein wirres Geflecht. Das verhindert auch eine ehrliche und differenzierte Debatte."

Wo holt sich Hamed Abdel-Samad Halt? Die Liebe? Gab es Platz für eine Heirat? Zweimal. Die erste Ehe war mit einer achtzehn Jahre älteren Lehrerin, und seine zweite Frau lernte er in Japan kennen. „Wir führen eine Fernbeziehung. Ich bin ab und zu in Japan – und sie kommt auch nach München." Mit den Jahren ist er seiner Religion abtrünnig geworden. In seinen Büchern beschreibt er die Schwächen des Islams und bekommt deshalb sehr viel Gegenwind. Abdel-Samad wird von radikalen Muslimen bedroht. „Ich werde trotzdem auch weiterhin meine Ansichten vertreten", sagt er mit ernster Miene. „Mir geht es nicht darum, mit dem Islam abzurechnen. Am Ende geht es auch darum, mein eigenes Leben und die darin enthaltenen Widersprüche zu verstehen."

Nach der Publikation seines ersten Buches 2009 bedrohte ihn eine Gruppe in Ägypten und wollte eine Fatwa, ein islamisches Rechtsgutachten, gegen den heute 39-jährigen Autor erwirken. Bei einer Fatwa geht es oft um die formelle Antwort einer Rechtsfrage durch islamische Gelehrte. Fatwas können entscheiden, ob eine Handlung mit dem islamischen Recht übereinstimmt. „Das Leben ist gefährlich", scherzt er und versucht, die Ernsthaftigkeit ein wenig zu mildern. „Zwar brauche ich mittlerweile keinen Polizeischutz mehr, aber ich passe auf. Ständig mit der Ordnungsmacht zu leben, ist alles andere als schön." Was bedeutet die Fatwa genau? Die Antwort kommt ruck, zuck: „In weiten Teilen der islamischen Welt – wie auch in Ägypten – ist die Religion privatisiert. Mit anderen Worten: Die Fatwa ist nicht mehr Sache einer religiösen Institution. Jede Organisation kann heute eine Fatwa aussprechen." Das Thema „Fatwa" ist für den Islamexperten auch ein Stück weit Vergangenheit: „Das ist wirklich eine ganz schwierige Sache. Ich kann nicht beurteilen, ob die Fatwa gegen mich noch besteht oder nicht. Die Fatwa ist in den Köpfen der Menschen. Dieses Thema habe ich heute abgehakt und es liegt hinter mir."

Ein Leben unter Polizeischutz ist für Hamed Abdel-Samad undenkbar: „Zwar stehe ich heute nicht mehr unter Polizeischutz. Nach Morddrohungen habe ich eben auch polizeiliche Hilfe benötigt und erhalten. Ich bin umgezogen, da ich mich in meiner alten Wohnung nicht mehr sicher fühlte. Momentan plane ich keine weiteren Umzüge." Sein Alltag sei so gewesen, als ob er in einer Kapsel lebte – losgelöst von allem.

Was sind die Hintergründe? Warum kam es in Ägypten zu so einer heftigen Reaktion wie der Fatwa? „Ich habe oft beklagt, dass islamische Staaten im Vergleich zu vielen anderen Gesellschaften zurückgeblieben sind. Und Muslime zeigen sich wiederum oft beleidigt. Das geht mir auch auf die Nerven." Laut Hamed Abdel-Samad gibt es einen Kampf zwischen den alten patriarchalischen Strukturen und den modernen Lebensformen, die ebenso in die islamische Welt hineinströmen. „Die Menschen konsumieren moderne Produkte. Die Gedanken der Moderne wie beispielsweise die Individualität werden nach wie vor abgelehnt. Die islamische Welt akzeptiert die Produkte der Moderne, aber nicht deren Geist. Das führt zu Spannungen und Gewalt."

Insbesondere in der mangelhaften Erziehung vieler Muslime sieht er einen großen Missstand. „Ohne eine radikale Abkehr vom Islam ist eine Modernisierung nicht möglich." Er skizziert in seinen Publikationen sogar Untergangsszenarien: „Der Islam mischt sich zu sehr in das Leben seiner Gläubigen. Das verhindert eine radikale Reform." Aber er weiß auch zu relativieren: „Keine Religion kennt alle Antworten."

Sein Expertenwissen nutzt die Politik: Der damalige Bundesinnenminister Thomas de Maizière lud Abdel-Samad zur 2. Deutschen Islamkonferenz ein.

Und 2010 legte er gemeinsam mit dem Journalisten Henryk M. Broder rund 30.000 Kilometer mit dem Auto quer durch das Land der Dichter und Denker zurück. Anlass war die fünfteilige TV-Serie „Entweder Broder – Die Deutschland-Safari".

Im Februar 2011 reiste er nach Kairo. Abdel-Samad protestiert – wie Millionen Ägypter – gegen das korrupte System. Auf dem Tahrir-Platz herrschte Gewalt. „Ich musste dabei sein – die arabische Revolution war eine Herzensangelegenheit. In meinem nächsten Buch werde ich diese Zeit dort verarbeiten." Die Proteste wirken, und der ägyptische Staatspräsident Muhammad Husni Mubarak tritt nach rund 30 Jahren Amtszeit am 11. Februar 2011 zurück. „Das ist ein Segen für Ägypten", freut sich Abdel-Samad. „Hoffentlich unterstützt der Westen diese Bewegung, vor allem auch wirtschaftlich. Die kommenden Generationen brauchen eine Perspektive. Die Diktatur muss ein Ende haben." Er fügt hinzu: „Mich stimmt optimistisch, dass die Jugend sich mit sozialen Netzwerken gut auskennt und diese geschickt nutzt."

Er nimmt einen letzten Schluck aus seiner Cappuccino-Tasse und will zum nächsten Termin. „Ich würde mich freuen, wenn wir in Kontakt bleiben", bringt er formalistisch am Ende unseres Gesprächs über seine Lippen. Wir verabschieden uns, und jeder geht seinen Weg.

Teil 2:

Transmigranten heute – wohin führt ihr Weg?

Ade Deutschland | *Murat Ham*

Eine junge Frau mit brünetten Haaren tritt in das Lokal in der Oranienstraße ein. Das Kreuzberger Café wirkt verschlafen an diesem grauen und nieselnden Tag. Weitläufig verteilen sich die Gäste über das Café „Rote Harfe". In dieser Straße reihen sich viele Lokale mit deutsch-türkischem Publikum aneinander. Derya Ovali kommt hier häufig mit ihren Freunden zusammen. Sie wirkt ernst mit ihren straff nach hinten gekämmten Haaren. Sie trägt

Deutsch-Türkin Derya Ovali:
Sie spielt mit dem Gedanken, in die
Heimat ihrer Eltern auszuwandern.

eine enge, schwarze Hose, eine längere cyanfarbene Bluse, die ihre Oberschenkel verdeckt. Ein hellblauer Schal umhüllt ihren Hals.

Sie hatte sehr viele Pläne für eine neblig verhangene Zukunft in Deutschland. Wie viele Muslime fühlt sich auch Derya dieser Tage durch die Thesen Thilo Sarrazins gekränkt. Seine Aussagen zum Inzest in muslimischen Gesellschaften und zur Vererbbarkeit von Intelligenz verletzen sie. Was heißt das für die junge Frau? Wie wird es weitergehen? Auf Wiedersehen, Deutschland? Heute spielt Derya mit dem Gedanken, in die Heimat ihrer Eltern auszuwandern. Der deutsche Arbeitsmarkt sei angespannt und die türkische Wirtschaft wachse zurzeit schneller als die in Deutschland. Das Bruttoinlandsprodukt der Türkei stieg in den ersten drei Monaten des Jahres 2010 im Vergleich zum Vorjahreszeitraum um über zehn Prozent. Das Land am Bosporus hat die Folgen der Wirtschaftskrise aus dem Jahr 2001 gemeistert. Seit über sechs Jahren wächst die türkische Wirtschaft durchschnittlich um rund sieben Prozent. Auch die jahrzehntelangen hohen Inflationsraten sanken seit 2001 von rund 70 auf 10 Prozent im Jahr 2010.

„Viele internationale Unternehmen in Istanbul nehmen gut ausgebildete Deutsch-Türken mit offenen Armen. Wer auch noch gutes Türkisch spricht, hat gute Karten auf dem Arbeitsmarkt." In Deutschland sei sie eine von vielen. „In der Türkei bin ich keine Bürgerin zweiter Klasse. Außerdem erhoffe ich mir dort auch eine schnellere Karriere." Laut dem jüngsten Migrationsbericht der Bundesregierung sind im Jahr 2008 knapp 738.000 Menschen aus Deutschland fortgezogen, davon rund fünf Prozent in die Türkei. Die Zahl der Zuwanderer lag im gleichen Jahr bei nur rund 682.000. Das heißt: Mehr Menschen kehren Deutschland den Rücken, während die Zahl der Einwanderer seit den 90er-Jahren schrumpft.

Täglich verlassen in der ganzen Welt Menschen ihre Heimat, um in einem anderen Land Arbeit, Geld und Glück zu finden. Zeltplätze der Zuversicht auf bessere Zeiten. Das gilt auch für die Vorfahren Deryas, die als einfache Arbeiter nach Deutschland kamen. „Sicher wollen meine Eltern mich in Berlin halten", sagt sie mit nachdenklicher Stimme. Ihr Vater kam 1980 aus dem türkischen Balikesir nach Berlin. Die Mutter lebte schon ein paar Jahre vorher in der Spreemetropole. Sie heiraten. 1982 kommt Derya auf die Welt. Sechs Jahre später der Bruder, der heute Wirtschaftsinformatik studiert. „Unsere Eltern haben auf Bildung gesetzt", erzählt sie und nippt an ihrem Wasserglas. „Ich will aus meinem Leben auch etwas machen."

Sie wächst in Berlin-Kreuzberg auf, sie sprintet nicht bis zum Abitur durch. Stattdessen dreht sie eine Ehrenrunde und erlangt schließlich als 21-Jährige die Hochschulreife am Oberstufenzentrum Banken und Versicherungen. „Bei meiner Identitätssuche hatte ich auch meine Auf und Abs. Das gilt vor allem für meine Pubertät." Ihre Lebensgeschichte passt auf sonderbare Weise an diesen Ort, zwischen einem Milchkaffee und einem Glas Sprudel. „Ich bin zweisprachig aufgewachsen. Das ist meinen Eltern gut gelungen, obwohl sie das selbst nicht gelernt haben. Irgendwo auch ein Phänomen für sich."

Sehnsucht scheint durch, als Derya das erzählt, ein tiefes Verlangen nach sozialem Aufstieg. Sie verschließt kurz ihre haselnussbraunen Augen. Ihre schwarzen Wimpern sind lang wie die eines kleinen Mädchens. Sie hat ein freundliches, markantes Gesicht und ein ausgeprägtes Kinn. Sie wirkt feminin und ist zugleich kräftig gebaut. Ihr natürliches Lächeln strahlt bis in die Augenwinkel, wie bei einer Stewardess. Das ist Deryas Berufswunsch nach der 10. Klasse. „Ein zerplatzter Traum. Mein Vater war dagegen. Er wollte, dass ich mein Abi in der Tasche habe."

Abschied aus Deutschland: Viele Deutsch-Türken zieht es in die Heimat der Eltern. Vor allem die Bosporus-Metropole Istanbul gehört zu den gefragten Städten.

Derya studiert Erziehungswissenschaften, und als Studentin fängt sie 2005 im Türkischen Bund zunächst als Praktikantin an, sich für die Rechte der Migranten stark zu machen. Anschließend arbeitet sie in verschiedenen Projekten und Studentenvertretungen mit. 2006 wird Derya SPD-Mitglied. Und ein Jahr später wird sie bereits für zwei Jahre zum Vorstand des Türkischen Bundes Berlin-Brandenburg berufen. Und 2009 durfte sie sogar für die SPD als eine von 1.224 Wahlfrauen und Wahlmännern bei der Bundespräsidenten-wahl ihre Stimme abgeben.

Und jetzt? Wohin geht Deryas Reise? „Vielleicht arbeite ich im nächsten Jahr in Istanbul und bin glücklich – oder auch nicht." Auf jeden Fall gehöre politisches wie soziales Engagement zu ihrem Leben. Migrationspolitik sei wie das lange Bohren eines dicken, harten Brettes. „Schade, dass wir Deutsch-Türken in Deutschland trotz unserer Arbeit wenig Anerkennung bekommen." Schuld seien auch die Negativschlagzeilen der Medien über mangelnde Integration, Zwangsehen, verschleierte Frauen oder Kopftücher. „Viele Politiker und Bürger argumentieren bei diesem Thema noch immer mit Vorurteilen." Sie fügt hinzu: „Migration führte nicht zu einem Verdrängungswettbewerb mit Einheimischen."

Derya stoppt ihren Redefluss. Am Nachbartisch fällt das Stichwort Thilo Sarrazin. Sein Buch ist auch hier Gesprächsstoff. Plötzlich erwacht Derya wieder aus ihrer Starre. „Welche Probleme löst dieser Mann? Wenn ich solche Themen höre, könnte ich gleich meine Koffer packen und einen Schlussstrich unter Deutschland ziehen." Viele Firmen würden sich zwar nach amerikanischem Vorbild zu einer Einstellungspolitik bekennen, die ethnische Vielfalt fördert. „Doch in der Praxis werden deutsche Kandidaten im Zweifel eher bevorzugt." Mittlerweile bestätigen verschiedene Studien, dass Migranten allein aufgrund eines fremdländisch klingenden Namens mehr Bewerbungen schreiben müssen, um zu einem Vorstellungsgespräch eingeladen zu werden.

Außerhalb der parteipolitischen Höhenflüge führt Derya ein normales Leben. Sie hilft am Wochenende im Zeitungsladen der Eltern aus. „Sie unterstützten mich früher, jetzt will ich ihnen so gut ich kann helfen." Das will sie bis zu ihrem Studienabschluss im nächsten Jahr so halten. Aber was dann? Welche Ziele steckt sich die ehrgeizige junge Frau? Für Derya kommt eine Hochschulkarriere nicht infrage. Sie will mit Menschen im direkten Austausch stehen. „Ich hole die Menschen direkt dort ab, wo sie gerade stehen." Außerdem: „Ein Leben nach dem Studium kann auch in Istanbul, Ankara oder einer anderen Großstadt im Westen der Türkei sein." Das ist eine häufig genannte Wunschgegend bei rückkehrwilligen Deutsch-Türken. Sie sehen sich in ihrem Lebensstandard insbesondere im westlichen Teil der Türkei gegenüber Deutschland im Vorteil.

„Unsichtbare Wände trennen Deutsche von Türken und umgekehrt. In der Türkei wäre ich ein Almanci, Deutschländer, aber das macht nichts." Derya hat den deutschen und türkischen Pass. Falls sie irgendwann in das Land der Dichter und Denker zurückkehren würde, dann stünden zumindest keine rechtlichen Hürden im Weg. „Das ist ein beruhigendes Gefühl bei dieser lebenswichtigen Entscheidung."

Warum hat Deutschland nach wie vor – trotz vorhandener Talente mit ausländischer Herkunft – zu wenige Führungspersönlichkeiten in Politik oder Wirtschaft? Warum hat es so lange gedauert, dass Deutschland eine Ministerin

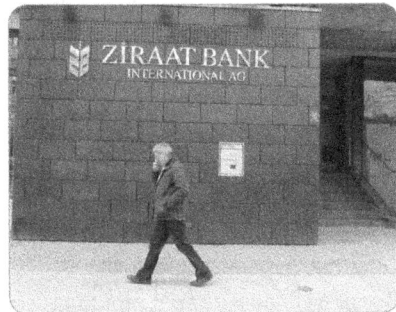

© Murat Ham

Türkische Banken in Deutschland: Anlaufstelle für viele Deutsch-Türken. Ein Beispiel aus Berlin-Kreuzberg.

wie Aygül Özkan, niedersächsische Ministerin für Soziales, Frauen, Familie, Gesundheit und Integration, hat? Sicher waren die Arbeitsmigranten aus den 50er- und 60er-Jahren größtenteils nicht ausreichend gebildet. Doch dieses Bild hat seit langem Risse bekommen. Die Migranten-Community ist heute heterogener als vor Jahrzehnten, doch fehlende Netzwerke in den politischen Ortsvereinen wie auch generell in den höheren Etagen der Wirtschaft machen sich bemerkbar.

Was zeigt die Biographie der jungen Frau? Was ist ihr Erfolgsrezept? Was können sich andere Migranten von ihr abschauen? Deryas Vita veranschaulicht Zähigkeit, Disziplin und Fleiß wie viele erfolgreiche Biographien von Deutsch-Türken. Bereits in zehn Jahren werden laut verschiedenen Studien über 100.000 Wissenschaftler, Techniker und andere Fachkräfte fehlen. Derya weiß: „Deutschland hat eigentlich genügend Talente im Land, aber sie müssen auch mehr gefördert werden. Das gilt auch für Migranten mit anderem ausländischen Hintergrund."

Die Rückkehrwelle betrifft jedoch nicht nur hochqualifizierte deutschtürkische Akademiker, sondern auch andere Ausbildungsberufe. Ein Beispiel ist der Friseur Ahmet Özdemir. Der schlanke junge Mann hat ein bleiches Gesicht. Seine glänzenden schwarzen Haare riechen nach Gel. Dass er Friseur werden will, habe er kurz nach seinem erweiterten Hauptschulabschluss gewusst. Im Salon am Kottbusser Damm im Kreuzberger Kiez ist er der einzige Mann. „Ich bin der Hahn im Korb", sagt er und lacht. Tricks und Kniffe schaut er sich von seinen Kolleginnen ab. Doch seine Qualifikation musste Ahmet sich hart erkämpfen. „Da meine Eltern als Arbeiter kamen, brachten sie keine guten Deutschkenntnisse mit. Als Kind war mein Deutsch noch lange nicht einwandfrei. Das ist heute anders."

Orange Frisier-Lederstühle, große Spiegel an den Wänden, hübsche Kolleginnen sollen für eine angenehme Atmosphäre sorgen. Die vier Beschäftigten haben gegen Feierabend noch viel um die Ohren. „Ich arbeite hier manchmal wie im Akkord. Wir haben viel Laufkundschaft", betont der 22-Jährige stolz. Der junge Mann arbeitet montags bis freitags von 10 bis 20 Uhr. Ob Strähnen oder Pony? Dauerwelle oder Färben? Heute ist Ahmet Kopf-Künstler. „Mei-

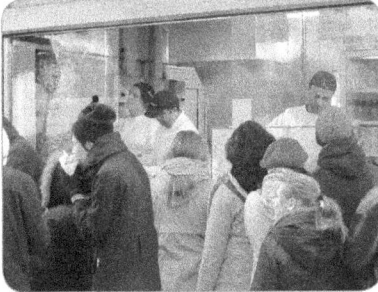

Geschäft in Berlin-Kreuzberg: *Bis heute fahren auch viele Unternehmer mit deutsch-türkischen Kunden hohe Gewinne ein.*

Viele Migranten pendeln nach wie vor auf der Gefühlsebene bei dem Begriff „Heimat". **Zum Beispiel:** *Istanbul oder doch Berlin?*

Die Zeit läuft: *Die Politik sollte die Weichen stellen.*

nen Beruf kann ich auch in der Türkei ausüben. Das ist wunderbar und eine Form der Unabhängigkeit."

Ahmets Eltern kamen Anfang der 70er-Jahre nach Berlin-Wedding als Arbeitsmigranten. Der Vater ist bereits Rentner und lebt wieder mit seiner Mutter im türkischen Izmir. Das Leben besteht für Ahmet zurzeit aus Abschieden. Denn auch zwei seiner drei Geschwister sind in die Türkei ausgewandert. Sein älterer Bruder ist der einzige familiäre Bezugspunkt. „In der Türkei erhoffe ich mir ein Leben mit mehr Anerkennung. Ich habe kein richtiges Heimatgefühl in Deutschland." Kalt und unberührt wirkt Ahmet. Als ob er Unverwundbarkeit demonstriert, wo Verletzlichkeit ist. Die Spuren des Lebens schimmern durch seine braunen Augen.

Wenn es um Gefühle geht, antwortet Ahmet widerwillig. Er starrt gegen die weiße Wand im Salon. Als hätte er mit Deutschland abgeschlossen. Kein Lachen. Gefangen im Ernst des Lebens. Er schweigt und grübelt. Sein Atem geht flach und unregelmäßig. Erstaunlich, wie wenig der Körper manchmal verheimlicht. Sein Herz schlägt laut. Als ob eine gefangene Stubenfliege unter seiner Haut flattert. Die Luft im Raum käme ihm zu dünn vor, als wäre sie nicht vorhanden. Jeder Atemzug koste Kraft. „Ich rede selten über meine Gefühle. Zumal meine Eltern Berlin verlassen haben."

Aber im nächsten Moment blickt er wieder sanft. „Ich brauche Halt. Ich weiß nicht, ob ich in Deutschland je heimisch werden kann." Sein Gefühlschaos aus Zukunftsängsten und Unentschlossenheit bereitet dem jungen Mann Probleme. Was stört Ahmet wirklich in Deutschland? „Die Zukunft in Deutschland stelle ich mir schwierig vor. Die türkische Wirtschaft floriert, meine deutsche Ausbildung wird hoch angesehen. Ich hätte in der Türkei mehr Chancen." Je länger der Abschied der Eltern zurückliegt, desto schwieriger wird das Leben für den jungen Mann. „Familie ist für mich wichtig."

Bis heute lebt Ahmet in seinem Geburtsort. Das heißt: Berlin-Wedding. Morgens raus aus Wedding, abends zurück aus Kreuzberg. In Ahmets Kiezen leben viele türkische Migranten. Sie sind für ihn eine Art Familienersatz. Diese Form von Heimatgefühl sei trügerisch, erzählt Ahmet. „Sicher fühle ich mich auch manchmal einsam. Besonders im Winter erlebe ich eine Achterbahn der Gefühle. In der Türkei könnte mein Leben besser laufen", hofft er.

„Eine Erfolgsgarantie habe ich weder in Deutschland noch in der Türkei. Ich will ein zufriedenes und glückliches Leben. In Deutschland sind die goldenen Jahre vorbei."

Wohin steuert Deutschland? Heißt Migration Segen oder Fluch? Was zeigen die Beispiele dieser jungen Menschen? Sie zeigen sicher eins: Gerade die Mustermigranten braucht Deutschland. Das Land der Dichter und Denker braucht zeitgemäße Anreize für Migranten wie für Deutsche. Denn Derya und Ahmet veranschaulichen: Erfolg stellt sich ebenso in Berlin ein, wenn man will und hart dafür arbeitet. Für die Zukunft in Deutschland gilt: Wissen bleibt die wichtigste Ressource. Deshalb ist es umso wichtiger für Deutschland, den Exodus noch rechtzeitig zu stoppen. Ob sich jedoch die Träume dieser jungen Menschen in der Heimat ihrer Vorfahren erfüllen, steht auf einem anderen Blatt. Fest steht: Ein Land der Chancen braucht Menschen wie Derya und Ahmet.

Autor Cem Gülay
Leben und Träumen im Schattenwinkel | *Murat Ham*

Er ist hochgewachsen, sportlich, hat dunkelbraune Augen und sitzt vor einem Café au lait und einem Glas Wasser. Sein Handy klingelt erneut. Die Menschen im Café schauen nach ihm. „Den habe ich im Fernsehen gesehen", flüstert eine junge Frau ihrer Freundin zu. „Hallo, ich kann gerade nicht", sagt er mit bestimmender Stimme und wimmelt eine Journalistenanfrage ab. Gleichzeitig redet der Autor Cem Gülay ruhig und sanft, beinahe einschläfernd.

Autor Cem Gülay: „Vielleicht lebe ich bald in Sydney oder auch in Istanbul. Ich werde weiterhin für mein Glück kämpfen."

Doch als das Gespräch persönlich wird, verändert sich seine Stimme. Er nimmt ein Schluck Wasser und legt los: Er sei 2009 nach Berlin gezogen. Davor habe er in seiner Geburtsstadt Hamburg gelebt. „Hamburg ist meine Vergangenheit, Berlin ein Neuanfang", erzählt er. 2009 ist auch das Jahr, in dem sein Buch mit seiner Lebensgeschichte im dtv-Verlag erschienen ist: „Türken-Sam. Eine deutsche Gangster-Karriere." Mit nachdenklichen Worten sagt er: „Ich habe viele Beschimpfungen, Beleidigungen, Kränkungen in Deutschland hinnehmen müssen. Meine Wunden habe ich in diesem Buch verarbeitet. Das gilt nicht nur für meine Schulzeit."

Aber was will dieser junge Mann? Spricht hier ein Gescheiterter, der der deutschen Leistungsgesellschaft nicht standhalten kann? Cem Gülay besuchte das Gymnasium, zwischendrin absolvierte er ein High-School-Jahr in den USA und schloss die Schule mit dem Abitur ab. Er ist das Kind einer Arbeiterfamilie mit türkischen Wurzeln. Statt Studium folgte eine Gangsterkarriere.

In Talkshows wie bei Anne Will spricht er von Ausgrenzungen während seiner Schulzeit, die ihn in die Kriminalität getrieben hätten. Cem Gülay versucht Trauriges aus seiner Kindheit mit seiner Sprachgewandtheit zu überdecken. Das verraten seine Gesichtszüge. Der 41-Jährige erlebte häusliche Gewalt. Sein Vater schlug nicht nur ihn, sondern auch seine Mutter. „Ich wollte raus und schnell Geld verdienen. Dass mein krimineller Weg nicht der richtige war, weiß ich heute auch. Mir fehlte die notwendige Anerkennung", erinnert er sich.

Cem Gülay trug in seiner Zeit als Krimineller maßgeschneiderte Anzüge, hatte teure Uhren, fuhr Porsche. Ein Leben wie im Film. Koks, Glücksspiele und eine Scheinwelt mit falschen Freunden waren der beste Weg ins Unglück. Cem Gülay flog kreuz und quer: New York, Miami, Istanbul und wieder Hamburg. Er wollte im Mantra der Reichen und Schönen im vermeintlich sorgenfreien Leben mitspielen. „Ich wollte in die erste Liga und bin sehr tief gefallen."

Gülay und seine kriminellen Komplizen betrogen Investoren bei dubiosen Geschäften an der Börse. Sie versprachen hohe Gewinne und wirtschafteten stattdessen in die eigene Tasche. Der Betrug flog auf. Das Gericht verurteilte Cem Gülay 2004 zu fünf Jahren Haft auf Bewährung. „Wenn ich nicht mein Buchprojekt hätte, wäre ich heute in Australien. Aber die Auswanderung habe ich immer noch im Hinterkopf."

Warum haben Länder wie beispielsweise Australien für Cem Gülay so eine Anziehungskraft? Woran mangelt es in Deutschland? Der Autor antwortet prompt: „Deutschland braucht eine Willkommenskultur. Ich habe mich sogar als Italiener ausgegeben, damit ich den Mädels gefalle. Die ständigen Ausgrenzungen als Türke haben mich gekränkt. Das sollen die kommenden Generationen nicht mehr erleben müssen." Er betont, dass viele Deutsch-Türken deshalb auch in jüngster Zeit in die Heimat der Eltern ausgewandert seien: „Den Menschen fehlt dieses Gefühl ‚Ich gehöre dazu' noch heute."

Und was ist mit der Liebe? Welche Rolle haben die Frauen im turbulenten Leben von Cem Gülay gespielt? „Meine drei Beziehungen haben mir trotz der ganzen Sachen einen gewissen Halt gegeben. Ich stand lange Zeit vor dem Aus." Zwei seiner Beziehungen dauerten zwei Jahre, die Erste sieben. „Liebe heißt Kraft in allen Lebenslagen." Bei dem ständigen Abriss und Neubau im Lebenslauf Cem Gülays verwundert es, wie viel Hoffnung heute noch in seinen Augen durchscheint. Er wirkt kaltschnäuzig und gleichzeitig zerbrechlich.

Ein Mann, der fällt und wieder aufsteht. Cem Gülay braucht aber auch den Ortswechsel. „Dahinter steckt auch ein Zauber, dass ich mir selbst an einem anderen Ort begegne." Er akzeptiert die Realität und versucht gleichzeitig, verändernd in sie einzugreifen.

Heute will Cem Gülay als Autor weiterarbeiten. „Diese Tätigkeit kann ich von überall ausüben. Wir leben in einer anderen Zeit, mit anderen Möglichkeiten." Bei all den Brüchen in seinem Leben verliert Gülay nicht die Hoffnung auf ein besseres Leben: „Ich will Vorbild sein mit meinen Büchern. Die trennenden Mauern zwischen Türken und Deutschen sollen einstürzen." Er bremst seinen schnellen Redefluss, nimmt einen weiteren Schluck Wasser und ergänzt: „Vielleicht lebe ich bald in Sydney oder auch in Istanbul. Ich werde weiterhin für mein Glück kämpfen. Doch diesmal auf dem richtigen Weg."

Anthropologie-Professorin Esra Özyürek
Globale Katzensprünge | *Murat Ham*

Vor zwei Jahren ist sie aus dem ka-
lifornischen San Diego in den Berliner Kiez Schöneberg gezogen. „In
diesem Stadtteil finde ich genau die
anregende Atmosphäre, die meinem
Lebensgefühl entspricht", erzählt die
gebürtige Istanbulerin Esra Özyürek
und lacht trocken. Die Anthropologie-
Professorin findet hier tatsächlich zu
jeder Tages- und Nachtzeit Leben auf
den Straßen, spannende Kneipen und
viele Geschäfte. Wir sitzen in einem
wunderschönen Schöneberger Café

Anthropologie-Professorin Esra Özyürek:
„Mein Leben ist wie in einem Karussell.
Ein bisschen da, hier und wieder dort."

auf Holzböden, wo der Stuck im edlen Weiß fast glänzt. „Mein Leben ist wie
in einem Karussell. Ein bisschen da, hier und wieder dort."

Die Tochter des türkischen Parlamentsabgeordneten Mustafa Özyürek ist
1971 in Istanbul auf die Welt gekommen. Die Mutter ist Juristin, aber sie hat
ihre Arbeit für die Liebe aufgegeben und ihren Mann als Spitzenpolitiker unterstützt. Wie ist das Leben als Kind eines prominenten Vaters? Ein Schat-
tendasein im väterlichen Politikbetrieb? Oder ist sie eher das verwöhnte
Mädchen einer türkisch-bürgerlichen Familie? „Sicher habe ich bis dato ein
privilegiertes Leben geführt. Ein Grund für den Wegzug aus der Türkei ist sicher, dass ich nicht im Windschatten meines Vaters leben möchte. Die Medi-
en haben uns viel beobachtet."

Esra Özyürek macht nach Abschluss ihres türkischen Abiturs ihren Bache-
lor an der Istanbuler Bosporus-Universität. Mit ihrem Stipendium in der Tasche geht sie in die Vereinigten Staaten. An der Universität Michigan macht
sie ihre weiteren akademischen Abschlüsse und wird im Jahr 2002 Professorin. Als Doktorandin lernt sie ihren Ehemann Marc Baer kennen. Beide sind

heute Eltern von dreijährigen Zwillingen. Die Töchter Azize und Firuse verändern die Lebensplanung der Eltern.

Das Professoren-Paar sieht ihre Beziehung als Multiplikator ihrer Kräfte. Dazu zählt auch das Leiden, das sie hervorbringt, ebenso der Schmerz, der auch dazugehört. „Meine Beziehung hat mir sehr geholfen, weil wir dadurch gewachsen sind. Die Liebe hilft mir auch bei den ständigen Ortswechseln." Andererseits sieht Esra Özyürek ihren Partner nicht als Retter, der ihre eigenen Probleme löst. „Eine intime Beziehung – wie viele Menschen glauben – heilt uns nicht zwangsläufig vor unseren Ängsten oder dem Gefühl der Sinnlosigkeit. Ein Partner schließt nicht unbedingt die Lücken in der eigenen Persönlichkeit. Falsche Erwartungen gegenüber dem Partner führen ins Unglück."

Aber was heißt das genau? Wie lautet das Motto der Frohnatur? „Das eigene Leben in die Hand nehmen. Ich habe gegenüber meinem Partner keine Erwartungen, die in diese Richtung gehen. Probleme gemeinsam lösen und nicht von einem Partner einfach zur Seite schieben lassen."

An Esra Özyürek lässt sich gut erkennen, wie sich die Welt ständig verändert. Sie ist zwar keine typische Migrantin, die uns mit einem neuen Gesicht gegenübertritt. Aber Menschen wie sie werden das Bild des Arbeitsmigranten künftig verändern. „Ich werde nicht als Bedrohung für irgendwelche Besitzstände wahrgenommen. Deshalb erlebe ich auch keine großartigen Konflikte", erzählt sie. „Aber der Migrant von unten gehört auch ein Stück weit zur Vergangenheit." Sie fügt hinzu: „Multi-Kulti lebt und sollte heute neu definiert werden. Deutschland verändert sich in allen gesellschaftlichen Schichten und wird ethnisch vielfältiger."

Nach einer kurzen Pause erzählt sie von ihrer Schwester Asli Özyürek, die in Amsterdam lebt: „Beispielsweise landete meine Schwester auf der Aufmacherseite eines Magazins als erste muslimische Professorin in den Niederlanden. Das fanden wir beide nicht gut, weil das auch einen befremdenden Charakter hat. Wie Menschen im Museum, die ausgestellt werden."

Ihre Forschung über muslimische Konvertiten ins Christentum hat im weitesten Sinn etwas mit ethnischer Vielfalt zu tun. Zu diesem Thema will die 40-Jährige bald ein Buch herausbringen. Wohin geht die Reise nach der Publikation? Zurück in die Vereinigten Staaten oder in die Türkei? Esra Özyürek stoppt ihren Redefluss und grübelt einen Moment: „Vielleicht leben wir nächstes Jahr in Sydney. Sicher ist es ein Luxus, so entscheiden zu dürfen. Aber diesen Reichtum an verschiedenen Orten leben zu können, der gibt uns viel."

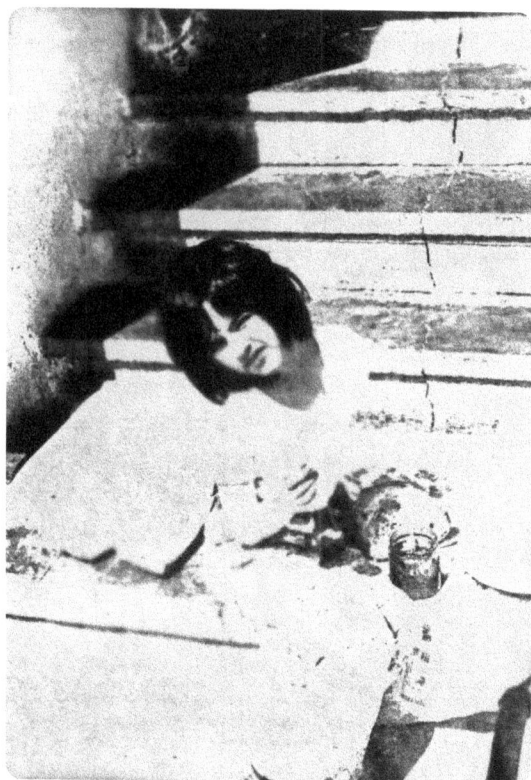

rot glänzende Lippen **червено лъщящи устни**
rot glänzender Gürtel **червено лъщящ колан**
ich esse **обядвам**
neben mir ein Glas gefüllt mit etwas rotem **а до мен стои буркан пълен с нещо червено**
Ljutenitsa **лютеница много я харесвам**
ich liebe es **върху филийка хляб и сирене**
auf Brot und dazu weißer Käse kırmızı parlayan dudaklar
labios rojo brillantes kırmızı parlayan kemer
cintuón rojo brillante öğlen yemeğini yiyorum
a mi lado un tarro lleno de algo rojo bir tarafımda kavanoz var içi kırmızı bir şeyle dolu
ljutenitsa lütenitsa
me gusta mucho tadına bayılıyorum
con pan y un poquito de queso blanco bir dilim ekmek üstüne beyaz peynir

im Hintergrund ist ein Auto

ein Toyota

man hört leise Musik

um uns herum liegt frischer Schnee

im Vordergrund sind wir

wir fahren Schlitten пързаляме се на снега с един спукан розов надуваем дюшек

auf einer flachen rosafarbigen Luftmatratze

en el fondo se ve un coche

un Toyota

se ecucha música bajo

estamos rodeados de nieve blanca

al frente estamos nosotros

yendo en trineo

sobre un colchón plano de color rosa

на заден план се вижда една кола

Тойота

слабо се чува музика

обкръжени сме с пухкав бял сняг

на преден план сме ние

arkamızda bir araba görünüyor

bir Toyota

arabadan gelen müzik duyuluyor

öndekiler biziz

bembeyaz karlar içinde

kayıyoruz

patlamış pembe deniz yatağının üstünde

Ich habe von vielen Ländern etwas in mir | *Angelika Kubanek*

Nefis Okan hat gerade an der Hochschule für Bildende Künste Braunschweig ihr Diplom im Bereich Grafik/ Design erworben und für ihre Abschlussarbeit den vom Deutschen Akademischen Austauschdienst finanzierten Preis an eine herausragende ausländische Studentin erhalten. Sie ist Bulgarin türkischer Abstammung, klein und zierlich, mit dem bestimmten Gang der spanischen Frauen, die zuerst die Ferse fest in den Boden drücken. Sie ist zukunftsoffen und geschichtsorientiert zugleich. Um den Hals trägt sie einen silbergefassten Türkisanhänger, aber in einem historischen Flashback könnte man sich vorstellen, dass sie vor 200 Jahren bei der Hochzeit ihrer Schwester mit einem Gold-Haarschmuck den Raum betritt.

Die Diplomarbeit von **Nefis Okan** *heißt „Gabarevo". Zu künstlerisch gestalteten Kindheitsbildern wurden kurze beschreibende Texte oder Erinnerungen aufgeschrieben. Es geht um die Übersetzung von Kindheitsbildern in andere Bilder, die Übersetzung der Bilder in Texte (Geschichten) und von einer Sprache in eine andere Sprache. Links sind zwei Fremdsprachen, die sie beherrscht, rechts die beiden Muttersprachen. Was geht verloren durch die Übersetzung? Was bleibt nach der Übersetzung von der Erinnerung? Ihre vier Sprachen geben ihr die Freiheit für ihren Spaziergang durch die Welt.*

Ihre Abschlussarbeit war ein Kunstbuch mit eigenen Gedichten, die sie in vier Sprachen druckte, versehen mit Familienfotos, die sie mit grafischen handwerklichen Techniken bearbeitete. Ein Beispiel dafür ist am Ende dieses Artikels zu finden. „Ich bin doch die Sprache", sagt sie. Es war ein Muss für sie, dieses Thema zu wählen, auch um ihrer Familie damit etwas zurückzugeben.

Es geht hier um ihren Blick auf Bulgarien, ihre persönliche Geschichte, nicht um die Darstellung eines Historikers. Sie hat in ihrem Stammbaum türkische und bulgarische Mitglieder. Mit der osmanischen Herrschaft im bulgarischen Raum kamen auch ihre Vorfahren nach Bulgarien. Mehr mus-

limisch-türkische Bulgaren leben in der Nähe der türkischen Grenze, aber auch im Inland sind sie verteilt. Die Minderheit umfasst zwischen 9 und 10 Prozent der Bevölkerung. Sie selbst wuchs im Inland in einem kleinen Ort auf. Schon als Kind sprach sie beide Sprachen. Das Türkische, das in der Familie gesprochen wurde, ist nicht identisch mit dem Standardtürkisch der Türkei, sondern es ist eine ältere Variante. In ihrer Diplomarbeit hat sie sich mit der Geschichte der bulgarischen und türkischen Sprache befasst. In der Familie wurde also türkisch gesprochen. Mit 2 Jahren kam sie in eine Kinderkrippe. Dort war Bulgarisch die Umgangssprache. Eigentlich alle Kinder waren in dieser Kinderkrippe. Sie kann sich nicht erinnern, ob es den Kindern verboten war, türkisch zu reden. Im Jahr 1984 ordnete die damalige Regierung eine Bulgarisierung an. Alle Türken mussten einen bulgarischen Namen annehmen. Sie selbst ist 1985 geboren, die Eltern nannten sie Nefis, aber sie mussten den Namen Antonia verwenden. Später konnte sie ihn wieder ablegen. Die türkische Minderheit wurde seinerzeit nicht immer gut angesehen. Als sie in die 5. Klasse kam, gab es Türkischunterricht, der von Eltern organisiert wurde. Die Schulsprache war bulgarisch. Zuhause sprach man türkisch und empfing Fernsehprogramme aus der Türkei. Bis sie 13 war, lebte sie in ihrem Dorf, an das sie sehr glückliche Erinnerungen hat. Danach besuchte sie ein Kunstgymnasium in einer 25 km entfernten Stadt. In diesem Gymnasium wurde sie nie als Mitglied einer Minderheit diskriminiert. Sie erinnert sich an einzelne Vorfälle wie Brandstiftungen in Moscheen, insgesamt fühlte sie sich aber nicht ausgegrenzt und hielt die Stimmung für friedlich und das Zusammenleben für in Ordnung. Man wohnte Tür an Tür mit Bulgaren. Demgegenüber waren die Roma deutlich Außenseiter. Mit 17 machte sie Abitur und beschloss, als Au-Pair nach Deutschland zu gehen. Sie hatte in der Schule schon Deutschunterricht gehabt. Deutschland genießt in Bulgarien ein hohes Prestige, deshalb wählte sie dieses Land. Sie wollte sich mit der Kultur vertraut machen, Deutsch lernen und überlegen, ob sie in Deutschland studieren wollte. Ihre Gastfamilie fand sie in Braunschweig. Diese behandelte sie sehr gut und half ihr über das Heimweh hinweg. Die Deutschen schätzte sie zunächst als kalt ein, man müsse auf sie zugehen. Am Ende der Au-Pair-Zeit bestand sie die Deutschprüfung, die für ein Studium vorgeschrieben ist, und hatte die Kunsthochschule entdeckt. Hier wurde sie angenommen. Inzwischen hat sie 8 Jahre in Deutschland verbracht. Sie schätzt das Leben in Braunschweig und meint, dass die Menschen weniger südländisch-oberflächlich seien, wenn man sie näher kennengelernt habe. Ihr Vater war von Anfang an für ein Studium in Deutschland. In Bulgarien gebe es Korruption im Zusammenhang mit Studienplätzen.

Sie hat Freunde in anderen Ländern Europas, und eine Kunsthochschule ist ohnehin international ausgerichtet. Aber fühlt sie sich als Auswanderin? Ihre Vorfahren wanderten ein nach Bulgarien, sie selbst wanderte mit 18 fort. Ist ihr die Mentalität eines Auswanderers schon angeboren? Sie meint, dass das Primärmotiv des Ausreisens bei den Bulgaren allgemein der Wunsch nach einem besseren Leben sei. Eigentlich seien Bulgaren patriotisch, die wirtschaftliche Lage treibe sie fort. Bei ihr sei es der Wunsch nach dem Vertiefen der Sprache und die Suche nach einem spannenden Studienort gewesen.

Was neuere Migration der türkischen Bulgaren betrifft, so nennt sie neben der Ausreise in den Westen ein anderes Ereignis: Beim Fall des Eisernen Vorhangs seien viele bulgarische Türken zurück in die Türkei gegangen, auch die Hälfte ihrer Familie. Sie stellt dies als Fakt dar, bei Recherchen stößt man auf eine angeordnete Ausweisung und auf Hinweise, wie wenig diese Phase der neuen bulgarischen Geschichte aufgearbeitet ist. Könnte sie wieder in Bulgarien leben? Vielleicht in 20 Jahren, sagt sie. In eine Deutsche verwandelt hat sie sich in ihrer Zeit hier nicht. Aber sehr stark entwickelt durch das, was in Deutschland an Lernmöglichkeiten existiert. Sie möchte als nächstes ein paar Jahre in ein anderes Land, um mehr Kulturen kennenzulernen, und sagt, dass sie „der Welt gehört". Wenn sie jetzt schon zurückginge, könnte sie nicht so viel aufnehmen, wie sie es möchte. In Entwicklungsländern erhalten Studenten teilweise Stipendien, um im Ausland zu studieren und ihr Wissen dann im Heimatland produktiv zu machen. Dass sie durch ihr Studium unmittelbar Bulgarien etwas zurückgeben könnte – darüber hat sie nicht nachgedacht. Sie hält ihre bulgarische gleichaltrige Generation für Weltmenschen. Jedoch könne man von Deutschland lernen, wie man komplexe Aufgaben entspannter lösen kann. Ihre bulgarischen Freunde seien angespannter und ängstlicher. In Deutschland fühlt sie sich frei. Sie meint abschließend, dass sie selbst aufgrund ihrer multikulturellen Persönlichkeit, ihres künstlerischen Blicks den Deutschen etwas geben könne. Ihr Traum ist ein Arbeitsplatz, mit dem dem sie dazu beitragen kann, das multikulturelle Zusammenleben zu fördern.

Diplom-Forstwirt Krzysztof Jaszczuk
Zwischen deutschen und polnischen Wäldern |
Angelika Kubanek

Er kommt mit einem weißen, älteren Bully mit polnischem Kennzeichen. Auf der Vorderbank liegen ein Tablet PC mit GPS-Funktion, Kompass, Landkarten. Im Laderaum des Bully liegt die Ausrüstung eines Holzfällers, der orange Schutzhelm, Seile, Sägen, und es ist eine Holzkiste eingebaut für seine zwei Jagdhunde Addo und Yukon, in der sie während der Fahrten liegen und schlafen.

© Krzystof Jaszcuk

Fast den ganzen Tag sind Addo und Yukon mit Krzysztof unterwegs.

Krzysztof ist ein junger Diplom-Forstwirt (Master of Science, Universität Göttingen), der kürzlich seine Referendarzeit in Südostpolen abgeleistet hat. Derzeit arbeitet er selbstständig für die Nordwestdeutsche Forstliche Versuchsanstalt. Er klassifiziert die Verbreitung von Baumarten und Sämlingen in verschiedenen norddeutschen Regionen. Es geht um Waldökologie und Waldgenressourcen, den Wald der Zukunft, die Zukunft des Waldes.

Er ist auch selbstständiger Forstunternehmer für Baumfällungen und Pflanzungen in Wäldern. Mit dem, was man sich als klassische Försteraufgaben vorstellt, hat seine Arbeit ganz wenig zu tun. Vielmehr leistet er sowohl wissenschaftliche wie auch unternehmerische Arbeit. Er hat eine erfolgreiche Bildungsbiographie. Und jetzt überlegt er, ob er in deutschen oder polnischen Wäldern arbeiten sollte oder möchte.

Er ist Sohn polnischer Eltern. Seine Eltern kamen nacheinander nach Deutschland. Die Mutter nahm eine Stelle als Krankenschwester in Bad Lippspringe an, als er 9 Jahre war. Seine Schwester ist inzwischen Lehrerin. Als er kam, kannte er nur die deutschen Ausdrücke „Guten Tag" und „Guten Appetit". Ein erstes schulisches Schlüsselerlebnis, das ihm noch heute vor Augen steht, war die Abwehrgeste des Jungen, neben dem er sitzen sollte. (Später konnte er ein gutes Verhältnis zu diesem entwickeln.) Jedenfalls – seine ersten Erfahrungen in der deutschen Klasse waren zunächst negativ geprägt. Dann aber stellte ihm die Lehrerin den besten Jungen der Klasse als Lernbegleiter zur Seite. Weil dieser immer schon viel früher als die anderen die Aufgaben erledigt hatte, konnte er dem polnischen Jungen helfen. Am Ende der 4. Klasse sprach Krzysztof fließend Deutsch. Die Mutter sprach anfangs polnisch mit den Kindern, aber auch viel deutsch – sie hatte noch Kenntnisse aus ihrer eigenen Kindheit. Krzysztof gibt Migranten beim Sprachenlernen den Rat: „Entweder redet Deutsch, und dann komplett, oder redet die andere Sprache!" Er mische die Sprachen nicht, sonst geschehe das im Unterbewusstsein auch und man werde nicht Herr der Sprachen. Andere Zweisprachige, die er kennt, Russen, oder Polen, vermischten die Sprachen und ersetzten das deutsche Wort durch das der Herkunftssprache. Besonders wenn sie wüssten, dass der Gesprächspartner sie in beiden Sprachen verstehe. Er finde das nicht gut, man mache es sich leicht und steigere die eigene Kompetenz nicht. Bei ihm funktioniert die Trennung. Sogar seine Träume, sagt er, sind entweder in Polnisch oder in Deutsch. Von den Polen in Deutschland sind viele aus Schlesien, und die Sprechweise des Polnischen dort ist selbst ein Mix aus Polnisch, Tschechisch und Deutsch. So sei der Sprachmix natürlich. Aber zum Lernen sei die Trennung besser.

In Deutschland behielt die Mutter polnische Bräuche bei, zum Beispiel an Weihnachten. Die Familie passte sich an, aber die polnische Identität ging nicht verloren. Die Familie des Vaters kam aus Nordostpolen, auch darüber weiß er viel. Einer seiner Großväter war politisch sehr aktiv, und dessen Einstellung zum Leben übertrug sich auf den Enkel.

Die Mutter dachte und denkt nicht an Rückkehr. Die Migration nach Deutschland war ein großer Schritt. Und im Gesundheitswesen, findet sie, könne man in Deutschland effizienter arbeiten. Sie bleibt hier, hat sich Geld für einen Teil eines Hauses erspart, das sie abzahlt.

Der Berufswunsch „Wald" wurde ihrem Sohn in die Wiege gelegt. Schon im Kinderwagen wusste er, dass er Landwirt oder Förster werden wollte, oder Förster und Nebenerwerbslandwirt. Insofern hat er nicht nur Sehnsucht nach den polnischen Wäldern als Heimat – Vorfahren seiner Mutter arbeiteten im Wald –, sondern es geht tiefer. Das Ziel, im Wald zu arbeiten, hat er verfolgt und die Berufsausbildung entsprechend gewählt, aber auch weil ihm die Waldökologie wichtig ist.

Die Referendarzeit nach dem Studium absolvierte er nicht in Deutschland, sondern in Polen, in den Waldkarpaten. Die Mitstudierenden konnten das verstehen. Denn er erzählte von Anfang an, dass er einmal zurückgehen wolle. Durch die Referendarzeit ist schon ein Schritt zurück erfolgt. Forstverwaltung in Polen sei viel hierarchischer aufgebaut, und man müsse als Hilfsförster mehrere Jahre arbeiten und eher eintönige Arbeiten verrichten, zum Beispiel Holz ausmessen. Auf die Frage, ob er sich in dem riesigen abgelegenen Waldgebiet Südostpolens einsam gefühlt habe, antwortet er kategorisch mit „Nein". Es seien zwar wenige Menschen dort, aber man lebe viel stärker in der Gemeinschaft, nehme die Mitmenschen wahr und spreche intensiv miteinander. Die Schwierigkeiten lägen eher in der Bürokratie, und man könne neue EU-Initiativen nicht leicht umsetzen. In Deutschland wird im Studium das selbstständige Suchen nach Informationen trainiert. In Polen ist mehr die klassische Schule der Ausbildung vorherrschend, die Artenkenntnis der polnischen Studenten, die man durch Auswendiglernen erwirbt, sei enorm. Deutsche Studenten bzw. deutsche Fachkräfte seien in Polen im Waldsektor sehr geschätzt. Polen brauche sich aber nicht verstecken.

Seine Eltern waren Arbeitsmigranten. Kann sich eine solche „Wanderhaltung" auf Kinder auswirken, so dass sie auch innerlich ruhelos werden? Krzysztof meint, dass ihn der Herzug nach Deutschland mit 9 Jahren geprägt habe. Er sei es gewohnt, von einem Ort zum andern zu ziehen. Er habe seine polnischen Kindheitsfreunde verloren und habe dies verarbeitet. Jetzt habe er keine Probleme mit dem Hier oder Dort, er sei offener geworden durch die unterschiedlichen Aufenthalte, könne sich schnell eingliedern. „Ich kann meine Sachen packen und relativ schnell weggehen."

Wo aber schlägt sein Herz, schlägt es anders in Deutschland als in Polen? In Polen fühle er eine „Grundzufriedenheit", schon kurz nach Überqueren der Grenze, vielleicht sogar stärker als seine Eltern. Er habe den Wunsch, nach der Rückkehr nach Polen dort etwas zu verändern und zukunftsorientierte

Arbeit zu leisten. Deswegen sei er auch im Forstverein aktiv und arbeite als Dolmetscher, wenn er gebraucht werde. Er fühle sich als Vermittler zwischen deutschen und polnischen Forstleuten, und viel zu wenig sei in der Öffentlichkeit über nachhaltige Waldwirtschaft und zukunftsorientierte Tätigkeit der Forstwirte bekannt.

Fährschiffer Oliver

Mit dem Passat auf das Schiff | *Angelika Kubanek*

Oliver hätte fast seinen VW-Passat mit dem starken Motor geopfert, das heißt verkauft, um das restliche Geld für die Finanzierung einer kleinen, renovierungsbedürftigen Wohnung in Niedersachsen aufzubringen. Aber dieses Auto ist sein „Lebensmittel", so lange er zwischen Deutschland, den Niederlanden und Rumänien unterwegs ist. Der 35-Jährige fährt seit einigen Jahren alle vier Wochen von Niedersachsen nachts nach Rotter-

Wenn Oliver im Hafen arbeitet, so ist er dem Wasser, den Flüssen, treu geblieben – das Flusswasser ist ihm vertraut.

dam direkt auf seinen Arbeitsplatz, ein Containerschiff im Frachthafen. Die Arbeitszeit ist geregelt, vier Wochen Arbeit am Stück, vier Wochen Pause. Er hilft Bekannten ohne Auto, die in Deutschland in eine andere Stadt müssen, und zweimal im Jahr fährt er zu seiner Familie nach Rumänien. Seine Heimatstadt ist Orsova an der Donau. Das ist die rumänische Stadt kurz nach dem Eisernen Tor, der spektakulären und für die Donauschiffe bis zur Entschärfung vor einigen Jahrzehnten gefährlichsten Stelle der Donau. Wenn er jetzt im Hafen arbeitet, so ist er dem Wasser, den Flüssen, treu geblieben – das Flusswasser ist ihm vertraut. Oliver ist ein Transmigrant. Wenn das Wort auf jemanden zutrifft, dann sicher auf ihn. Die Qualifikationen, die von einem Europäer von heute erwartet werden – mehrsprachig, anpassungsfähig, ein interkulturelles Selbst – besitzt er in hohem Maße. Und er kann darauf stolz sein. Er ist ein höflicher und zurückhaltender Typ, ängstlich, ob er in den westlichen Ländern alles richtig macht und bürokratische Angelegenheiten richtig versteht. Denn das Europäisch-Interkulturelle hat er nicht geschenkt bekommen wie Kinder aus besser gestellten Familien mit Reisemöglichkeiten, Schuljahr im Ausland, sondern es ist hart erworben von jemandem aus dem armen Land Rumänien. Und so werden Rumänen vielfach doch angesehen, als arme Leute, die eine Arbeit suchen.

Oliver wuchs zweisprachig auf. Die Donau ist Grenzfluss zu Serbien, und ein Teil seiner Familie lebt auf der serbischen Seite. Von der aktuellen deutschen Diskussion der Sprachforscher und Sprachförderer wusste seine Mutter nichts, als er sechs Jahre war und in Orsova auf die Schule kam. Sie tat, was sie für richtig hielt. Während er in der rumänischen Grundschule lesen und schreiben lernte, brachte sie ihm den gleichen Stoff am Nachmittag auf Serbisch bei. Er wurde also in beiden Sprachen parallel alphabetisiert. In der Kindheit besuchte er oft seine serbische Großmutter und lernte viel über die Natur. Die Donauregion vor dem Eisernen Tor ist ein spektakulärer Naturpark. „Jeder Rumäne kann Bäume fällen, kennt Pflanzen und kann reparieren", sagt er. Notgedrungen. Nach Schulabschluss arbeitete er für eine serbische Baufirma. Aufgrund der Kriege und Konflikte im ehemaligen Jugoslawien musste das ein Ende haben. Er nahm dann verschiedene Tätigkeiten auf. Vor einer Reihe von Jahren suchte er Arbeit in Deutschland und bekam zunächst einen Job auf einem Binnen-Frachtschiff auf dem Rhein. Danach wechselte er zu einem holländischen Arbeitgeber, der ein Containerschiff im Hafen von Rotterdam hat, aber auch beispielsweise Antwerpen ansteuert. Der Besitzer des Schiffs kaufte ein hochmodernes neues, bei dem der Anker nicht mehr ausgeworfen und das Schiff vertäut werden muss, sondern es verankert sich mit einer Schraube im Meeresgrund.

Alle vier Wochen fährt er also zum Schiff. Die Niederlande geben ihm den Arbeitsplatz, aber wegen seiner Bekannten wollte er doch lieber in Deutschland eine Wohnung haben. Er hat sich gerade eine kleine, renovierungsbedürftige Wohnung gekauft, auf Kredit. Diesen zu erhalten, war für ihn als Rumänen, der noch dazu in einem dritten Land arbeitet, das Gegenteil von einfach. Eine Ehefrau wünscht er sich, die seine Werte sieht und akzeptieren würde, dass er, um Geld zu verdienen, woanders arbeiten muss, Geld an seine Familie schickt. Mit einer Rumänin möchte er am liebsten zusammen sein.

Im Moment bereitet sich Oliver auf das Große Rheinschifferpatent vor, die schwierigste Prüfung für die Binnenschifffahrt. Dann ist er Steuermann und verdient mehr. Diese Prüfung ist auf Deutsch – der wichtigsten Sprache für die Rheinschiffer. Oliver spricht fünf Sprachen, alle fast fließend. Rumänisch und Serbisch schon als Kind. Deutsch, Englisch, Holländisch hat er sich durch Lernen im Umgang angeeignet. Auf Deutsch begreift er auch schwierige Texte wie Dokumente von Banken. Das stellt sogar für deutsche Muttersprachler eine große Hürde dar. Er ist hilfsbereit, hat Allrounder-Fertigkeiten, kennt viele Sprachen. So gesehen ist er ein Vorbild-Europäer. Eine der Figuren, die dem Osteuropa-Historiker Prof. Dr. Karl Schlögel vor Augen standen, als er appellierte, dass mehr Menschen aus dem Westen die Augen für „einfache" Menschen aus dem Osten der Europäischen Union öffnen und ihre Vorurteile abschütteln sollten.

„Über Sprachen können sie reden"
Wie wird diese Generation Migration verstehen, wenn sie erwachsen ist? – Eine Unterhaltung in einer
8. Realschulklasse, Frühjahr 2011 | *Angelika Kubanek*

Es ist ein kalter Märzmorgen, halb acht. Das Schulgebäude Realschule Sidonienstraße in Braunschweig ist ein Backsteinbau vom Ende des 19. Jahrhunderts, mit Anbau. Die Stadt hat völlig unterschiedliche Gebäudetypen für Schulen. Die historischen im energetischen Sanierungsprogramm, Häuser aus den 60er-, 70er-Jahren, in denen jedes Klassenzimmer einen Nebenraum hat, Betonbauten (eine Gesamtschule wird gerade abgerissen) und Neubauten. Extreme zwischen der alten Fliegerschule aus dem Dritten Reich – in ihr eine Gesamtschule, die den deutschen Schulpreis gewonnen hat – und der modernsten Schule Niedersachsens mit Passivenergie, Kirchenakustikqualität und einem Foyer wie ein modernes Theater. Ob das Gebäude – also das Lernumfeld – einen Einfluss auf das Lernen hat? Schularchitekten werden das bejahen. Die Schüler – sie suchen zwar ihre Schule mit aus, aber ob sie alt oder neu ist, aus Marmor, Stein, Eisen, Beton oder „grünen" Baustoffen, darüber denken sie sicher wenig nach. Weder die mit zwei deutschen Elternteilen noch die mit Migrationshintergrund. Schulqualität entsteht im Lehr-Lernprozess. Ein angenehmes Ambiente tut jedoch gut. Die Sidonien-Realschule tut ihr Bestes. Es ist ein Ort mit sehr künstlerisch gestalteten Gängen und einem riesigen Graffiti an der Außenwand des Anbaus. Ein kosmopolitisches Graffi-

Die Stadt hat völlig unterschiedliche Gebäudetypen für Schulen:
Ob das Gebäude – also das Lernumfeld – einen Einfluss auf das Lernen hat?

69

ti: Menschen, die sich helfen, eine große Erdkugel wird von einer schwarzen und einer weißen Hand gehalten. Es soll alle Schüler gleich welcher Herkunft freundlich empfangen. Mehrsprachig-multikulturelle gibt es viele. Deshalb führe ich ein Gespräch mit einer 8. Klasse über ihre Sprachen und ihr Heimatgefühl.

Das ist nicht leicht, weder für sie noch für mich. Nicht um 8 Uhr morgens, aber wahrscheinlich auch nicht um 12.30 Uhr. Es ist wichtig, das zu schreiben. Für ein offenes Gespräch über solche Fragen, die das eigene Leben, das der Eltern berühren, wäre eine Interviewform in einem kleinen gemütlichen Raum oder im Jugendzentrum viel besser. Und einer völlig unbekannten Frau von einer Universität etwas zu sagen, ist ein großer Good Will Act. Noch dazu, weil die Lehrerin, Frau Uhl, dabei sitzt. Zwei Kurzpräsentationen zu in der Zeitung gelesenen Informationen sind noch zu halten, dann kann ich mit ihnen reden. Mit Notizblock, kein Mikro, kein Video. Deswegen ist das folgende auch fragmentarisch, und das ist gut. Stücke aus Antworten der Schüler, auf Fragen, die sie sich wohl unbewusst oft stellen, über die zuhause geredet wird, aber nicht in einem öffentlichen Gespräch.

In der halben Stunde reden nur einige. Für Mehr ist keine Zeit, viele aber wollen nicht reden. Deutsch sprechen sie gut. Die, die nichts sagen, finden vielleicht in den anderen ihr Sprachrohr. Kurz erkläre ich das Thema des Buches: Dass Menschen weggehen aus einem Land. Weil sie Geld verdienen müssen, weil sie möchten. Und wegen Krieg – das füge ich hinzu.

Das Thema eventuelle Rückkehr von Migranten in ihr Herkunftsland scheint nicht so sehr auf ihrem Radar zu sein. Das ist auch verständlich, denn sie sind ja erst einmal dabei, ihren Schulabschluss zu machen und dann weiterzulernen in Schule oder Ausbildungsplatz. Als wir aber über Sprachen diskutieren, reden sie mehr.

Ein türkischer Schüler erzählt, dass seine Großeltern als Gastarbeiter kamen und jetzt wieder in der Türkei leben. Der Vater kam mit 16 nach Deutschland. Seine Mutter kam später nach. Seine Eltern reisten erst jedes Jahr zurück, nun nicht mehr.

Ein zweiter Schüler sagt, dass seine Eltern und Großeltern bis 1991 in Russland lebten. Er kann noch Russisch reden. Einer erklärt, dass sein Vater von

1990 bis 1997 alleine in Deutschland arbeitete, er ist kurdisch. Die Eltern des Nachbarn in der Bank sind aus Polen und über 20 Jahre hier. Dieser Jugendliche könnte sich vorstellen, später wieder in Polen zu leben, in einem ländlichen Gebiet, wegen der Natur.

Zwei Mädchen erzählen dann. Der Vater der einen kam mit 16 aus dem Iran, die Mutter später. Sie bezeichnet sich als Iranerin in ihrem Herzen. Jedes Jahr fliegt die Familie zurück, wegen der Lage dort lebt sie hier. Ihre Mitschülerin erzählt, dass die Eltern aus einer armen Gegend kamen, wo sechzig Kinder in eine Klasse gingen und man lange Wege zu Fuß in die Schule gehen musste. Seit 1995 ist sie hier und möchte nach der Realschule weiter auf die Sekundarstufe 2 und dann Psychologie oder Journalistik studieren. Wer still ist, hat seinen Grund.

Dann reden wir über Sprachen, das geht deutlich lockerer. Die Sprachen der Eltern verstehen sie zum Teil, reden sie aber nicht unbedingt aktiv. Einer sagt klipp und klar, dass Deutsch wichtiger sei, Türkisch könne er nebenbei sprechen. Dass man im Kindergarten Deutsch redet, finden sie gut. Man solle beide Sprachen behalten. Ein Mädchen redet mit ihrem Vater Deutsch, ab und zu. Sie sagen auch, dass manche multikulturellen Schüler besser Deutsch können als deutsche Gleichaltrige. Bei Musik ist ihr Geschmack gemischt. Einige lehnen Folklore aus der Heimat ab, andere sagen, sie hören sie öfter.

Es klingelt, und ein viel zu kurzes, angebrochenes Gespräch muss aufhören, obwohl gerade erst eine Gesprächswärme entstanden ist. Ich wünsche mir, jedem Einzelnen zuzuhören.

Nicht nur den „ausländischen" Schülern der Klasse, sondern allen. Wie viel Zeit für Gespräche über Identität lässt der Lehrplan?

Teil 3:

*Forscher stehen
Rede und Antwort –
Neue Wege in der Forschung*

Ein Interview mit den Forschern Dr. Isabel Sievers und Prof. Hartmut Griese, AG Interpäd, Leibniz Universität Hannover | *Murat Ham*

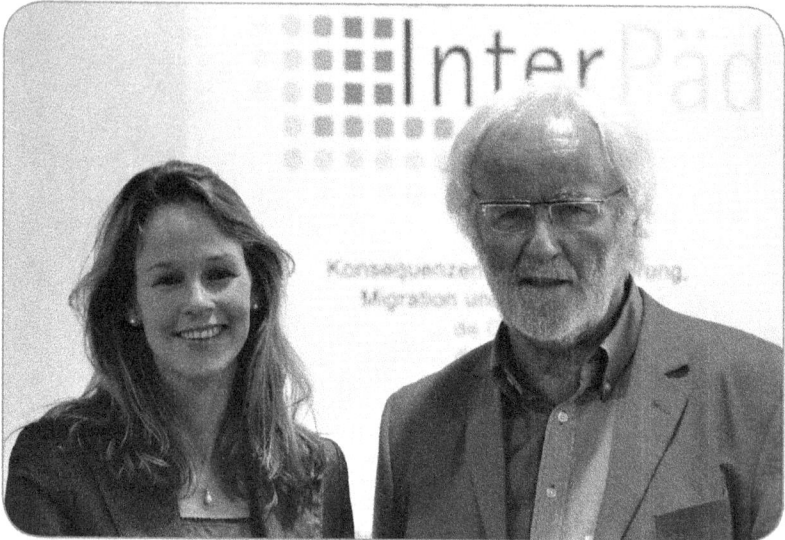

Die Forscher Isabel Sievers und Hartmut Griese *haben gemeinsam mit Rainer Schulte das Buch „Bildungserfolgreiche Transmigranten" publiziert.*

Isabel Sievers ist eine junge, 35-jährige Forscherin. Sie ist Koordinatorin des interdisziplinären Arbeits- und Forschungsbereichs Interkulturelle Pädagogik. Hartmut Griese ist ein alter Hase und emeritierter Professor. Beide Forscher haben mit Rainer Schulte das Buch „Bildungserfolgreiche Transmigranten" publiziert. Im Gespräch mit Murat Ham stehen die Forscher Rede und Antwort.

Deutsch-Türken beispielsweise bevorzugen die Heimat ihrer Eltern oder Vorfahren, während die meisten deutschen Auswanderer die USA, Kanada, Schweiz oder Australien favorisieren. Warum?

In unserer Studie zu den Bildungs- und Berufsbiographien bildungserfolgreicher deutsch-türkischer Transmigranten[2] geht es genau um die Personen, die in das Land ihrer Eltern oder Vorfahren zurück- oder ausgewandert sind, die aber nach wie vor enge Bezüge zu Deutschland pflegen. Es wird deutlich, dass sich für sie insbesondere aufgrund ihrer zwei- oder mehrsprachigen Kompetenzen, ihrer Kenntnisse und Erfahrungen mit beiden Ländern und der positiven wirtschaftlichen Entwicklung in der Türkei dort gute Berufschancen ergeben. Gleichzeitig empfinden sie ihre Arbeitschancen in Deutschland als schwierig.

Die Forscher zeigen sich nach ihrer Podiumsdiskussion „Hochqualifiziert und mit Migrationshintergrund – in Deutschland nicht gefragt?" am 26. Mai 2011 zufrieden. Sie machen einen lockeren Eindruck. Nach einer kurzen Pause setzen sie mit ihrem Redefluss erneut ein ...

Und so macht auch eine Studie der Universität Konstanz von 2010 deutlich, dass türkisch klingende Namen bei Bewerbungen für Praktikumsplätze für Wirtschaftsstudierende die Entscheidungen des Arbeitgebers negativ beeinflussen würden. Eine OECD-Studie von 2009 zeigt gleichzeitig, dass die Arbeitsmarktsituation von Akademikern mit Migrationshintergrund im Vergleich zu Gleichgesinnten ohne Migrationshintergrund in Deutschland mit einer Arbeitslosenquote von 12,5 Prozent zu 4,4 deutlich schlechter ausfällt. Trotz Antidiskriminierungsgesetz werden Stellenbewerber mit ausländischen Wurzeln auf dem deutschen Arbeitsmarkt noch immer benachteiligt. Und so war die berufliche Perspektive bei einzelnen der von uns befragten Personen in Deutschland – teilweise trotz Promotion – ungewiss. Heute sind sie Transmigranten.

Sie nennen diese Gruppe „Transmigranten". Warum?

---

2 | *Die Studie liegt als Buchpublikation vor: Sievers, Isabel/ Griese, Hartmut/ Schulte, Rainer (2010): Bildungs- und Berufsbiographien bildungserfolgreicher Transmigranten. Frankfurt/M, Brandes & Apsel.*

Die meisten dieser Personen pflegen nach wie vor auch enge Kontakte nach Deutschland, bewegen sich in so genannten transnationalen Sozialräumen, reisen viel zwischen den Ländern hin und her, daher sprechen wir bei dieser Gruppe von Transmigranten. Durch ihre familiären Bezüge zu dem Land haben die deutsch-türkischen Transmigranten natürlich eine besondere emotionale Bindung zur Türkei, gleichzeitig aber auch bestimmte Erwartungen an das Leben in diesem Land, die allerdings nicht immer so in Erfüllung gehen müssen. Einzelne dieser Personen können sich durchaus auch vorstellen, in ein weiteres Land zu wandern oder wieder für ein paar Jahre nach Deutschland zu kommen, wie es auch bei anderen Auswanderern vorkommt. Solche transnationalen Wanderungsprozesse scheinen ein typisches Phänomen im Zuge vermehrter Globalisierungsprozesse, die voraussichtlich in den nächsten Jahren noch zunehmen werden.

Auf diese Gruppe der Deutsch-Türken passt das Label „Remigranten" oder „Rückkehrer" nicht.

Stimmt. Der Grund ist ganz einfach: Diese Menschen waren in aller Regel bisher nur zum Urlaub in der Türkei. Das Phänomen ist völlig neu: Viele Deutsch-Türken arbeiten in der Türkei und pendeln regelmäßig nach Deutschland.

Woran mangelt es in Deutschland? An der Bereitschaft, Migranten mit Offenheit zu begegnen?

Befragt nach dem Motiv, Deutschland zu verlassen, vermischten sich bei den von uns interviewten Transmigranten ganz rationale Überlegungen mit eher emotionalen Gründen. Unter die rationalen Aspekte fallen die bereits genannten ökonomischen Gründe beziehungsweise die Aussicht auf bessere oder schnellere Aufstiegschancen in dem Zielland. Stärker emotional geprägt sind Erläuterungen der Auswanderer, die sich auf eine geringe Anerkennung ihrer Person und ihrer Kompetenzen in der deutschen Gesellschaft beziehen.

Hier ein paar Beispiele aus den Interviews:

„Ja es gab natürlich mehrere Gründe, zum einen ..., dass ich in Deutschland ... auf längere Zeit hin doch immer der Fremde bleiben werde. Also die Anerkennung war nicht da, sie war unter Gleichen natürlich da, aber nicht in der Gesellschaft, also ich wollte einfach 100-prozentige Anerkennung, das war nicht gewährleistet."

„Ich habe immer gesagt, ich möchte als ein Staatsbürger erster Klasse leben, ... das heißt ich möchte theoretisch auch Staatspräsident des Landes werden können. In der Türkei kann ich das, in Deutschland nicht. [...] ich wollte jemand sein, der zur Elite gehört. In Deutschland ist das schwer, zur Elite zu gehören, in der Türkei ist das nicht so."

„Hinzu kam, dass ich in Deutschland zunehmend unzufriedener wurde. Der ewige Ausländerstatus türkischer Migranten belastete mich sehr. Auch in Istanbul blieb ich Ausländerin, jedoch mit einem höheren Status als in Deutschland."

In diese Richtung gehen auch die Ergebnisse der TASD-Studie („Türkische Akademiker und Studierende in Deutschland"), die deutlich macht, dass ein Teil der dort befragten türkischen Akademiker und Studierenden eine „Abwanderungsbereitschaft" aus Deutschland zeigt (36 Prozent) und dies u.a. mit einem mangelnden Heimatgefühl in Deutschland begründet.

Der Initiator der TASD-Studie ist das Krefelder futureorg-Institut für angewandte Zukunfts- und Organisationsforschung. Welchen Wert haben solche Studien?

Diese Studien sind neu. Valide Zahlen zur tatsächlichen Abwanderung und nicht nur zur Abwanderungsbereitschaft gibt es kaum. Hier gibt es auch oft statistische Schwierigkeiten. Zumal die meisten Deutsch-Türken eine deutsche Staatsbürgerschaft haben. Wie gesagt sprechen viele Befragte von einer Bereitschaft, aus Deutschland wegzuziehen. Ob und wann wer wohin geht, lässt sich schwierig wissenschaftlich ermitteln.

Was ist der Unterschied zu Ihren Studien?

Wir haben zu dem Themenbereich eine explorative Studie gemacht und uns einzelne Biographien der bereits in die Türkei Ausgewanderten genauer angeschaut, um mehr über dieses noch recht junge und bisher wenig erforschte Phänomen der deutsch-türkischen Transmigration von Hochqualifizierten zu erfahren.

Die von uns betrachteten bildungserfolgreichen Migranten wurden in Deutschland damit konfrontiert, dass sie anders sind. Trotz Abitur und akademischem Status fühlten sie sich nicht zugehörig, also subjektiv nicht „integriert". Nicht zuletzt entscheiden sich Fragen der Integration, der Exklusion oder Inklusion beziehungsweise des Dazugehörens (so haben wir 2007 Integration kurz definiert) von Einwanderern durch den Bewusstseinsstand der Einheimischen beziehungsweise über das Nichtvorhandensein einer Willkommenskultur im Einwanderungsland und damit auch über die Bereitschaft, den Migranten mit Offenheit zu begegnen. Die Hauptprobleme im Themenkontext „Anerkennung" scheinen das „öffentliche Bewusstsein" und Teile der Medien zu sein. Vielfalt der Herkünfte, Kultur, Sprachen ist in vielen gesellschaftlichen Bereichen Deutschlands immer noch keine Normalität. Hier verändert sich in den vergangenen Jahren, insbesondere mit den jüngeren Generationen allerdings viel.

Sind Rückkehrer gescheitert? Vermuten Sie, dass der Spagat zwischen Berufs- und Privatleben zu schwer gewesen ist?

Die Gruppe der ‚Rückkehrer' ist äußerst heterogen, insbesondere was die Motive der Rückwanderer betrifft, und davon hängt sicherlich auch ab, ob sie gescheitert sind oder nicht. Ob sie sich selbst als gescheitert wahrnehmen oder nicht.

Hochqualifizierte Transmigranten haben wenig Gemeinsamkeiten mit der so genannten ‚Gastarbeiter-Generation', die heute beispielsweise in der Türkei lebt. Oder solche ‚alten Rückkehrer', die jährlich ein- bis zweimal nach Deutschland reisen, aber überwiegend in der Türkei leben, ihre Kinder in Deutschland besuchen, die medizinische Versorgung in Deutsch-

land in Anspruch nehmen? Und was ist wiederum mit Personen, die nicht aus eigener Motivation in das Land der Eltern zurückgegangen sind, wie es teilweise die Situation war für einzelne Familienmitglieder – wie so oft – im Rahmen der Rückkehrförderung in den 80/90er-Jahren?

Hier wird schnell deutlich, dass die Gruppe der Rückkehrer differenziert betrachtet werden muss und keine einheitlichen Aussagen über Scheitern oder Nicht-Scheitern von Rückkehrern gemacht werden können. Für die von uns betrachtete Gruppe der hochqualifizierten Auswanderer/Transmigranten, die also nur einen Teil der „Rückkehrer" ausmachen, würde ich die Frage des Scheiterns verneinen. Die genannten Beispiele zeigen sogar, wie wichtig es den Befragten ist, dass ihre „Rückkehr" nicht als Versagen ihres Migrationsprojektes gedeutet wird. Sie haben heute in der Türkei gute berufliche Positionen, in denen sie häufig ihre besonderen soziokulturellen Kompetenzen einsetzen können – beispielsweise in internationalen Unternehmen oder Institutionen, aber auch im universitären Bereich. Sie bekommen heute die gewünschte Anerkennung und auch hier absolvieren sie erfolgreich einen Spagat zwischen Berufs- und Privatleben. Im Kontext von Globalisierungsprozessen sind diese bildungserfolgreichen Transmigranten mit ihren durch die doppelte oder mehrfache Migrationserfahrung erworbenen Kompetenzen sogar ein Beispiel für mobiles Leben in verschiedenen Heimaten. Sie verkörpern eine Gruppe, die zukünftig zunehmen und immer intensiver umworben werden wird. Die Frage ist daher doch eher, was Deutschland dadurch verloren geht, wenn Hochqualifizierte mit Migrationshintergrund das Land verlassen und eigentlich als gute Vorbilder in Deutschland für den alltäglichen Umgang mit Vielfalt in der Gesellschaft fungieren könnten.

Welche Rolle spielt Geld oder Liebe bei der Auswanderung?

Geld und Liebe spielen in der Regel immer auch eine Rolle oder können der Auslöser für den letzten Schritt zur Auswanderung sein, beispielsweise ein konkretes Jobangebot oder aber eine feste Beziehung. Im Hintergrund stand bei unseren Probanden aber immer auch eine kritische Betrachtung ihrer alltäglichen Situation sowie ihrer Zukunft in Deutschland, durch die permanente Auseinandersetzung mit Fragen der Integration, obwohl sie schon längst angekommen sind. Eine finanzielle Absicherung spielt für das Leben als Transmigranten neben den rechtlichen Rahmenbedingungen aber natürlich auch eine wichtige Rolle. Zum Beispiel: Diesen Personen bleiben mit einer deutschen Staatsbürgerschaft die Rückkehroption nach Deutschland und damit auch eine finanzielle Sicherheit, und das ist den von uns befragten Personen auch bewusst:

„Ich habe die deutsche Staatsbürgerschaft, ... Die Türkische habe ich aufgegeben, musste man. [...] wir können auch wieder nach Deutschland. [...] Ja, das ist mir wichtiger - die Rückkehroption."

Die Rahmenbedingungen – sowohl finanzielle als auch rechtliche – scheinen für das Selbstverständnis der Probanden als ‚Wanderer zwischen den Welten' prägend zu sein. Hierunter fällt insbesondere auch die doppelte Staatsbürgerschaft, die dazu führt, dass eine Person – ohne ein Visum beantragen zu müssen – nach Deutschland oder in die Türkei reisen kann. Das sind äußerst günstige Voraussetzungen dafür, Transmigration zu leben und sich als Transmigrant zu fühlen. Mit der doppelten Staatsbürgerschaft ist es leichter, in die Türkei auszuwandern und zwischen beiden Ländern zu pendeln.

Häufig wird in den Medien über Parallelgesellschaften gesprochen. Das trifft auch für deutsche Auswanderer häufig zu. In welcher Weise unterscheiden sich diese neuen Gruppierungen?

Arbeitsmigration mit Rückkehr in die Heimat, Kontakte zum Herkunftsland und periodische Besuche werden bereits Jahrhunderte lang praktiziert. Der Unterschied zu heute ist jedoch, dass es früher an Möglichkeiten fehlte, grenzüberschreitende Kontakte in der Form zu pflegen, wie es heute möglich ist. Es war nur privilegierten Migranten möglich, ein Leben zwischen zwei nationalen Kontexten zu führen. Die rasante Entwicklung im Kommunikations- und Transportwesen führt heute zur Überwindbarkeit von Raum und Zeit, woraus im Vergleich zu früher auch eine Reduktion von Kosten resultiert. Bei den Transmigranten ließen sich so genannte transnationale Sozialräume und

Felder feststellen, die über die jeweiligen Länder- oder Kulturgrenzen hinweg entstehen und aus vielfältigen Beziehungen und Vernetzungen – familiärer, sozialer, organisationaler oder ökonomischer Art – zwischen den Ländern bestehen, so wie es so wie es Ludger Pries[3] bereits bei mexikanischen Familien im nordamerikanischen Raum feststellen konnte. Mit den deutschtürkischen Transmigranten bilden sich neue gesellschaftliche und kulturelle Muster und Formen der Vergemeinschaftung. Ihre Verankerung in mehreren Gesellschaften beeinflusst ihre Gruppenzugehörigkeit, ihre Selbstverortung und die Form der Kommunikation.

Das Thema Integration bekommt dabei eine ganz andere Kontur.

Ganz klar. Beruflich sind die Auswanderer/Transmigranten in der Türkei gut integriert, häufig in Stellen, bei denen sie ihre soziokulturellen und mehrsprachigen Kompetenzen einsetzen können. Entscheidend für ihre Mobilität und Lebensweise ist insbesondere ihre Stellung im Beruf. Sie definieren sich selbst eher über soziale als über kulturelle Dimensionen ihrer Persönlichkeit (Profession und Beruf/Mitglied der Scientific Community). In anderen Worten: Die soziale Rolle dominiert eindeutig über die bi- oder transkulturelle Rolle.

Dennoch ist auch hier das Phänomen zu beobachten, dass diese Personen ‚Gleichgesinnte' suchen, also Personen, die über ähnliche Erfahrungen im Hinblick auf das Leben in bzw. mit zwei oder mehreren Kulturkreisen/Gemeinschaften verfügen. In der Türkei, aber beispielsweise auch in Russland haben sich hieraus an verschiedenen Standorten so genannte Rückkehrervereine und -stammtische entwickelt. Zum Beispiel der Verein Tandem, der in Ankara akademische Rückwanderer vernetzt.

Was können wir uns von anderen Ländern wie den USA, Kanada, Schweiz, Australien oder auch Frankreich abgucken? Welche Potenziale bleiben un-

---

3 | *Vgl. Pries, Ludger (1997): Transnationale Migration, Soziale Welt, Sonderband. Baden-Baden; Pries, Ludger (2001): Internationale Migration. Bielefeld; Pries, Ludger (2007): Globaler Wandel und das Entstehen transnationaler Migration: Zwischen den Welten zu Hause. Unter: http://www.ruhr-uni-bochum.de/rubin/geisteswissenschaften/pdf/beitrag5.pdf (15. März 2010)*

genutzt? Oder auch von den skandinavischen Länder, die beispielsweise bei der PISA-Studie erfolgreich abschneiden. Was steckt dahinter?

Jedes Land hat seine historisch gewachsenen Besonderheiten, natürlich auch im Umgang mit Einwanderung und der Vielfalt der Bevölkerung. Sicherlich kann man Anregungen von anderen Ländern bekommen, muss aber vorsichtig damit sein, Maßnahmen, Konzepte von einem Land auf das andere übertragen zu wollen.

Was heißt das konkret für Deutschland?

Richten wir den Blick auf Deutschland, so wird deutlich, dass sich der Defizitorientierung bisheriger Forschungsansätze entsprechend zahlreiche Ansätze und Untersuchungen zur Erklärung von Schulmisserfolg von Schülern mit Migrationshintergrund in Deutschland finden, die sich häufig auf das deutsche Bildungssystem und sozialisatorische Faktoren der Personen stützen. Aber diese Erklärungsansätze reichen oft kaum aus, um den ‚Bildungserfolg' von Personen mit Migrationshintergrund zu erklären. Diese Personen können häufig nicht auf ein bildungsnahes Elternhaus zurückgreifen. Die Eltern haben oft nur geringe Deutschkenntnisse und auch die hohe Zahl an Geschwistern – in Deutschland ebenfalls ein Indikator für einen geringen sozialen Status – spricht eher gegen die Aufnahme eines Studiums.

Der Bildungsweg der Personen ist in der Regel nicht geradlinig verlaufen, sondern es handelt sich um „verschlungene Bildungspfade" über verschiedenste Schulformen und/oder den zweiten Bildungsweg bis hin zum Studium oder zur Promotion wie es auch Erika Schulze und Eva-Maria Soja feststellten[4]. Bei diesen Probanden gab es häufig ein ausschlaggebendes Ereignis oder aber eine Schlüsselperson („Signifikante Andere"), die die Probanden als Grund für ihren schulischen und akademischen Erfolg benennen. Dieses können sein: Ein Schulkamerad, eine Nachbarin oder ein Familienmitglied, das sie besonders unterstützt und motiviert hat. Oftmals haben aber auch

---

4 | Vgl. Schulze, Erika; Soja, Eva-Maria (2006): Verschlugene Bildungspfade. Über Bildungskarrieren von Jugendlichen mit Migrationshintergrund. In: Auernheimer (2006): Schieflagen im Bildungssystem.

Lehrkräfte die Bildungskarriere maßgeblich beeinflusst – sowohl positiv als auch negativ.

„Es gab in der Schule diesen einen Lehrer ... [...], und er hat mich in seinem Rahmen doch gefördert. Er schenkte mir Bücher oder lieh mir Bücher aus, mit diesen Büchern habe ich nicht nur deutsch gelernt, sondern auch Bildung erfahren."

„Es gab in der Schule diesen einen Lehrer ... [...], und er hat mich in seinem Rahmen doch gefördert. Er schenkte mir Bücher oder lieh mir Bücher aus, mit diesen Büchern habe ich nicht nur deutsch gelernt, sondern auch Bildung erfahren."

Es wurde aber auch deutlich, dass Lehrkräfte ihnen häufig weniger zugetraut haben und die Jugendlichen gegen deren Empfehlungen höhere Schulen besucht haben.

„Wir hatten eine Lehrerin, die meinte: ‚Ja, Herr O., warum sollen die Kinder denn studieren nach dem Gymnasium? Sie werden die Kinder doch sowieso irgendwie zurückziehen, das Mädchen wird heiraten, und der Sohn geht in die Türkei zurück. Warum wollen Sie denn, dass wir den Kindern gute Noten geben sollen? Es reicht doch, wenn sie Mittelmaß bekommen.'"

Dabei spielen alte Bildungsmuster sicher auch eine Rolle.

Richtig. Bei der Auseinandersetzung mit der Bildungssituation von Schülern mit Migrationshintergrund herrscht in Deutschland im Vergleich zu anderen Ländern wie Kanada oder Schweden immer noch ein relativ traditionelles Modell von Migration vor. Dieses ist mit der Unterstellung verbunden, dass es sich in der Regel um einen unidirektionalen Prozess handelt: „Auswanderung – Einwanderung – Integration am neuen Lebensort nach ein oder zwei ‚Generationen'".[5] Diese Form der Migration bleibt aber hinter der Komplexität des tatsächlichen Migrationsgeschehens zurück. Voraussetzung für eine Auseinandersetzung mit neuen Migrationsphänomenen in Deutschland ist insbesondere eine kritische Reflexion der Alltagspraxis, aber

---

5 | *Gogolin, Ingrid; Pries, Ludger (2004): Stichwort: Transmigration und Bildung. Beitrag für ZfE 1/2004. Unter: www.inccas.de/de/download/publ-2004_lp_transmigrationundbildung.pdf (18. Januar 2010)*

auch der sozial- und erziehungswissenschaftlichen Theoriediskussion um ‚Migration und Bildung' mit dem Ziel, kulturalistische und ethnozentrische Defizit- und Problemperspektiven zu überschreiten. Ein statischer, national-orientierter Migrations- und Kulturbegriff muss aufgegeben und die Orientierung am Individuum als handelndes Subjekt an Bedeutung gewinnen.

Viele Migranten in Deutschland pendeln auf der Gefühlsebene zwischen den Kulturen. Wie sieht dies bei den Auswanderern aus? Geht hier ein Vergleich?

Diese bildungserfolgreichen Transmigranten stellen bisher gebräuchliche Grundlagen der Migrationssoziologie infrage, da sich eindeutige Unterscheidungen zwischen temporärer und endgültiger Wanderung immer weniger treffen lassen. Die Biographien, Lebensprojekte und Einstellungen der bildungserfolgreichen Transmigranten entsprechen weder einer Vorbereitung auf eine endgültige Rückkehr noch der Forderung einer vollständigen Assimilation in die Gesellschaft. Transmigration bedeutet vielmehr eine Ergänzung von Migrationsperspektiven. Wir haben es also innerhalb dieser Perspektive mit „sozialen Lagen jenseits und diesseits nationalstaatlicher Rahmungen, in ‚Zwischenräumen' und/oder in einer ‚gleichzeitigen' Zugehörigkeit zweier (oder mehrere) Räume"[6] zu tun, bzw. mit Menschen, die „bi-national oder regional, in grenzüberschreitenden sozialen Räumen, Arbeitsmärkten und Organisationen oder in der Weltgesellschaft" agieren, wie es der Experte Ludger Pries formuliert hat.

Sprache und Erfolg korrelieren häufig. Gilt dies auch für die Länder, die Auswanderer favorisieren?

Zusammenfassend konnten wir feststellen, dass auch wenn die primäre (familiäre) Sozialisation bei allen Probanden eher im türkischen (sprachlich-kulturellen) Kontext stattfand, so ist die sekundäre und tertiäre Sozialisation

---

6 | Gogolin, Ingrid; Pries, Ludger (2004): Stichwort: Transmigration und Bildung. Beitrag für ZfE 1/2004. Unter: www.inccas.de/de/download/publ-2004_lp_transmigrationundbildung.pdf (18. Januar 2010)

(Schule und Universität) demgegenüber dominant, was Kognition, Abstraktion und Reflexion, also soziale bzw. professionelle Kompetenzen betrifft. In sprachlich-kognitiver Hinsicht in Bezug auf die Wissenschaftssprache und akademisches Denken überwiegen deutsche Sprachkompetenzen gegenüber türkischen. Ihre Mehrsprachigkeit als besondere Kompetenz erleichtert die Selbstvergewisserung als akademische Kosmopoliten.

Gleichzeitig zeigt sich aber, dass die Vitalität von kulturellen Traditionen und insbesondere den mitgebrachten Sprachen unter den Transmigranten nicht geringer wird. Personen mit Migrationshintergrund behalten starke Bindungen an die mitgebrachten Sprachen ihrer Familien – auch dann, wenn sie in Deutschland geboren sind oder hier aufwachsen bzw. schon seit Jahren wieder im Herkunftsland der Eltern leben. Die sprachlichen Bindungen an die Herkunftssprachen – bei unseren Probanden teilweise eher das Deutsche – bleiben langfristig erhalten, ohne dass dies den Stellenwert der jeweiligen Verkehrssprache in dem Land infrage stellt. Die Fähigkeit, die Sprachen mindestens mündlich zu gebrauchen, bleibt durch die kontinuierliche internationale Mobilität als dauerhafte Sozialisationsbedingung erhalten. Auch bei Aufenthalten im Herkunftsland/Heimatland sind sie auf den Gebrauch der Sprache angewiesen, und zwar mit Gesprächspartnern, welche die jeweilige Sprache nicht beherrschen.

Und welche Auswirkungen hat das zukünftig auf die Diskussion um die Förderung von Mehrsprachigkeit bzw. Zweisprachigkeitsdebatte, wie sie aktuell unter anderem in Deutschland geführt wird?

Die Professoren Ingrid Gogolin und Ludger Pries konnten schon 2004 zeigen, dass der Bereich der sprachlichen Lebensgestaltung zu den ersten Feldern gehörte, in denen aus erziehungswissenschaftlicher Perspektive das Konzept der Transmigration beachtet wurde. Ausschlaggebend hierfür seien die Beobachtungen und Erkenntnisse, dass die Vitalität von Herkunftssprachen von Migranten auch in den nachfolgenden Generationen nicht nachlässt. Die Erfahrungen mit Transmigration zeigen, dass es zunehmend zu einer mehrsprachigen Lebenspraxis kommt. Verschiedene Studien ergaben,

dass Herkunftssprache und Mehrheitssprache keineswegs in einer konkur-
rierenden Beziehung miteinander gesehen wurden. Die Praxis, den eigenen
sprachlichen Lebensraum zwei- oder mehrsprachig zu gestalten, scheint
weiter verbreitet zu sein, als es bisherige Ansätze vermuten lassen. Die bisherigen dichotomen Kategorien von Sprachpraxis ‚Deutsch oder Sprache
der Familie', ‚Deutschland oder Herkunftsland' entsprechen nicht mehr der
Komplexität der aktuellen Praktiken. Forschungsergebnisse wie diese stützen
die Bedeutung einer differenzierten Betrachtung von Migrationstypen für die
Erziehungs- und Sprachwissenschaft.

**Was muss Deutschland besser machen, um die Auswanderer im Land zu
halten und der demographischen Entwicklung entgegenzuwirken?**

Migration wird weiterhin einen starken Einfluss auf die deutsche Wirtschaft und Gesellschaft haben und Transmigration wird zukünftig – vor allem
für akademisches und qualifiziertes Personal – zunehmen. Einerseits sind es
weltwirtschaftliche Globalisierungsprozesse und die sich anpassende Organisation international agierender Unternehmen, die sich auf das Migrations-
verhalten von Bildungserfolgreichen auswirken. Andererseits ist es aber auch
die Art und Weise, wie eine Gesellschaft mit ihren Mitgliedern und in diesem
Fall ihren hochqualifizierten Mitgliedern mit Migrationshintergrund umgeht.
Wenn diese sich nicht ausreichend anerkannt sehen, kann dies zu einer vorü-
bergehenden Auswanderung führen. Experten rechnen sogar mit einer anhal-
tenden Fluktuation unter den Zugewanderten. Mitverantwortlich hierfür ist,
dass die Attraktivität Deutschlands für besser qualifizierte Neuzuwanderer
geringer ist als die vergleichbarer Länder. Angesichts der langjährigen repres-
siven deutschen Migrations-, Integrations- und Anwerbungspolitik, die weltweit zu einem Negativbild von Deutschland als Zielland für Hochqualifizierte
führte, sollten Politik und Wirtschaft ihre Praktiken in Bezug auf Anwerbung
und Einwanderung überdenken.

Mit der Abwanderung Hochqualifizierter mit Migrationshintergrund treten die bisher vorherrschenden Fragestellungen um das Thema Integration in den Hintergrund.

Ja, denn wenn Migration zum Normalfall – nicht nur in Deutschland – geworden ist, wenn Transmigration in bestimmten Sektoren eine unausbleibliche Folge wirtschaftlicher und wissenschaftlicher Globalisierung ist, wenn ‚ungenutzte Potenziale' in Deutschland bei vielen Migranten konstatiert werden, dann müssen auch die rechtlichen Rahmenbedingungen geschaffen werden, um der gesellschaftlichen und ökonomischen Realität Rechnung zu tragen. Das sind nicht nur erleichterte Einreisebedingungen für Hochqualifizierte und die Anerkennung ihrer Diplome und Zertifikate – wie nun auch aktuell diskutiert und in Angriff genommen wurde –, das sind vor allem die rechtlichen Bedingungen für bereits im Land lebende Migranten, die sich qualifizieren. Die erleichterte Einbürgerung von lange Jahre in Deutschland lebenden Migranten via doppelter Staatsbürgerschaft wäre ein Weg, Hochqualifizierte im Lande zu halten. Zwar führt die Annahme der doppelten Staatsbürgerschaft nicht allein zu gesellschaftlicher Inklusion, dennoch dürfte dies der Entwicklung einer Anerkennungskultur in der Migrationsgesellschaft Deutschland dienen, die sich durch die Normalität von Vielfalt im Alltag und einem grundsätzlichen Inklusionswillen auszeichnet.

Unterm Strich braucht Deutschland diese Menschen, die als Hochqualifizierte auswandern.

Wir brauchen zukünftig vermehrt junge Menschen mit hochqualifizierten akademischen Kompetenzen und Ressourcen in Gesellschaften und Wirtschaftssystemen wie Deutschland. Es ist deutlich geworden, dass ein großes Potenzial dafür in den Kindern und Enkelkindern der Einwanderer zu finden ist – allerdings nur, wenn unsere Gesellschaft sich ihnen gegenüber öffnet und ihnen gleiche Bildungschancen offeriert. Dass dies möglich ist, wenn auch oft gegen Widerstände (pädagogische Vorurteile, personale und institutionelle Diskriminierungen), aber vor allem auf der Basis von individuellen

Förderungen durch signifikante Andere wie Eltern, Lehrkräfte, Bezugspersonen und Vorbilder, also der so genannte Lasso-Effekt, zeigt unsere Studie zu bildungserfolgreichen Transmigranten. Dieses Phänomen ist das Ergebnis einer veränderten Lebenswirklichkeit für eine wachsende Zahl von jungen Menschen, insbesondere von hochqualifizierten, bildungserfolgreichen Migranten.

„Neue Geographien Europas"

Interview mit Peter Wittmann, Robert Nadler, Thilo Lang, Forschungs-
gruppe Rückwanderung am Leibniz-Institut für Länderkunde, Leipzig |
Angelika Kubanek

Ihr Institut heißt Leibniz-Institut für Länderkunde. Um welche Länder in Europa geht es, und welche Art von Wissen über Länder wird in Ihrem Institut gesammelt?

Wir forschen hauptsächlich über Deutschland und über Länder und Regionen im östlichen Europa. Unsere Untersuchungen orientieren sich aber nicht an politischen Raumeinheiten. Wir interessieren uns hauptsächlich für die regionalen Unterschiede und Gemeinsamkeiten, die sich aus den vielschichtigen Veränderungen im Zuge der Integration Europas ergeben. Dabei geht es

Das Leipziger Forscherteam beschäftigt sich vor allem mit regionalen Unterschieden und Gemeinsamkeiten.

vor allem um gesellschaftliche Veränderungen, und die orientieren sich meistens nicht an Grenzen, sondern greifen oft über sie hinweg und produzieren gewissermaßen neue Räume. Darum haben wir unsere Forschungen auch unter die Überschrift „Neue Geographien Europas" gestellt. Viele unserer länderübergreifenden Studien sind außerdem vergleichend angelegt und beziehen auch Befunde aus dem westlichen Europa ein. Vereinfacht gesagt, wollen wir besser verstehen lernen, wie Gesellschaft in Europa räumlich organisiert ist und wie sich ihre räumliche Organisation aktuell verändert. Wir sammeln also nicht bloß Wissen über Länder, wie unser Institutsname manchem suggerieren mag. Stattdessen beobachten und analysieren wir aktuelle Entwicklungen und ihre räumlichen Auswirkungen, und zwar auf ganz unter-

89

schiedlichen Maßstabsebenen, von der regionalen über die nationale bis zur europäischen Ebene.

Das Institut gibt es schon lange. Mit welchen Fragen hat es sich früher beschäftigt, und was sind heute Hauptthemen?

Das Institut in seiner heutigen Form wurde 1992 gegründet, die Anfänge reichen aber bis ins 19. Jahrhundert zurück. Hervorgegangen ist es aus der Sammlung des Geologen Alphons Stübel im damaligen Leipziger Museum für Völkerkunde, die 1907 als Museum für Länderkunde selbstständig wurde. Anfangs ging es also mehr ums Sammeln und Präsentieren, erst ab den 1930er Jahren kam die Forschung dazu, und in den 1950er Jahren wurde das Deutsche Institut für Länderkunde zum zentralen geographischen Forschungsinstitut der DDR. Als Institut für Geographie und Geoökologie war es von 1976 bis zur Wende der Akademie der Wissenschaften der DDR zugeordnet. In dieser Zeit war das Institut eng in die staatliche Territorialplanung eingebunden.

Heute liegen unsere wissenschaftlichen Schwerpunkte auf drei Forschungsfeldern: Raumproduktionen, Visuelle Kommunikation und Kartographie und als drittes die Geschichte der Geographie. Im Forschungsbereich Raumproduktionen untersuchen wir die vielschichtigen raumbezogenen Veränderungen, die sich in Zeiten der Globalisierung und des globalen Wandels auf lokaler, regionaler, nationaler und transnationaler Maßstabsebene im mittleren und östlichen Europa abspielen. Im Forschungsbereich Visuelle Kommunikation und Kartographie entwickelt das Institut gegenwärtig vor allem digitale und Internet-basierte Darstellungsformen zur Vermittlung von raumbezogenem Wissen. Im dritten Schwerpunkt analysieren die Forscher die Geschichte der deutschen und europäischen Geographie, untersuchen und dokumentieren die Geschichte raumbezogener Repräsentationen und studieren nationale und transnationale Entwicklungsmuster des Fachs.

Wem nützt das Wissen und die Materialien, die bei Ihnen entstehen? Politikern? Studenten? Hat auch der Mann auf der Straße etwas davon?

Wir betreiben regionalgeographische Grundlagenforschung, arbeiten also nicht direkt anwendungsbezogen. Was aber nicht bedeutet, dass wir im Elfenbeinturm sitzen und Wissenschaft um der Wissenschaft willen machen, ganz im Gegenteil. In einem eigenen Schwerpunkt beschäftigen wir uns intensiv damit, wie sich geographische Informationen so aufbereiten lassen, dass sie für eine breitere Öffentlichkeit verständlich werden, Politiker bei ihren Entscheidungen unterstützen oder in Form von Lehr- und Lernmedien in der Bildung eingesetzt werden können. Davon profitiert letztlich auch der Mann auf der Straße, wenn auch vielleicht nicht direkt, sondern auf Umwegen. Erst wenn wir verstehen, warum überproportional viele junge Frauen aus wirtschaftsschwachen ländlichen Räumen abwandern, können die Entscheidungsträger gezielt gegensteuern und Anreize zum Bleiben schaffen. In einem anderen Forschungsprojekt untersuchen wir regionale und lokale Effekte des extraterritorialen Engagements der Europäischen Union in Belarus, der Ukraine und der Republik Moldau. Die Ergebnisse können dazu beitragen, dass die Beziehungen zwischen der EU und ihren Nachbarstaaten in der Zukunft ausgewogener gestaltet werden, was wiederum den Menschen zugute kommt.

Man stellt sich zunächst vor, dass ein „Länder"-Institut etwas über einzelne Länder erforscht. Migration heißt oft, dass man nicht seine nahe Heimat verlässt, um im eigenen Land anderswo zu wohnen, sondern dass man über die Landesgrenze hinweg wandert, also in andere Lebens- und Kulturräume. Können Sie ein paar aktuelle Projekte nennen, die länderübergreifend sind?

Eine ganze Reihe unserer Projekte beschäftigen sich mit Fragen der Konstitution von Grenzen, insbesondere im Kontext der EU-Erweiterung. Was passiert an den Innen- und Außengrenzen der Europäischen Union, welchen Einfluss haben die sich ändernden Grenzregime auf die Lebenswelten der Menschen vor Ort, wie funktioniert der Austausch über diese Grenzen hinweg?
So untersucht eine ganze Forschungsgruppe an unserem Institut ökonomische Praktiken vor dem Hintergrund der Transformation von Staatlichkeit

in Europa. In einer Grenzraumstudie für das sächsisch-tschechische Grenzgebiet untersuchen wir aber auch Verflechtungsbeziehungen und Problemlagen dieses innereuropäischen Raumes, um daraus Handlungsempfehlungen für die interkommunale Kooperation abzuleiten. Im Projekt „Developing Europe's Rural Regions in the Era of Globalization" haben wir beispielsweise internationale Migranten nach ihren Arbeits- und Alltagserfahrungen in peripheren ländlichen Regionen befragt und spüren so den Wirkungen der Globalisierung und Internationalisierung der Arbeitswelten nach und hinterfragen die Möglichkeiten grenzüberschreitender Arbeitsmärkte. Im bereits abgeschlossenen Projekt „Accomodating Creative Knowledge – Competitiveness of European Metropolitan Regions within the Enlarged Union" wurden Lebenswelten von internationalen Migranten, die im Bereich der Kreativwirtschaft arbeiten, erforscht. Dabei ging es insbesondere um die internationale Anziehungskraft von Großstädten in der EU.

Was interessiert die Mitarbeiter an Ihrem Institut an Migration, im Vergleich zu politikwissenschaftlichen Instituten oder der Bildungsforschung?

Wir betreiben keine Migrationsforschung im klassischen Sinne. Uns interessieren vor allem das Zusammenspiel von Wanderungen und Raumentwicklung und die Wirkung von Migration auf die soziale Produktion von Räumen. Durch bestimmte Praktiken werden Räume hier neu konstruiert, ändern sich die Lebenswelten der betroffenen Personen. Dies betrifft zum einen die Wandernden selbst, aber natürlich auch die Menschen in Räumen, in die Zuwanderung stattfindet oder aus denen vermehrt Menschen abwandern. So erhalten Abwanderungsregionen schnell ein bestimmtes Image, werden oft als Verliererregionen oder perspektivarme Regionen abgestempelt. Hier entstehen dann kollektive Prozesse der Imagebildung, die massive Auswirkungen auf Politik und strategisches Handeln der entscheidenden Akteure haben. Ganz besonders interessieren uns dabei grenzüberschreitende Praktiken.

**In diesem Buch geht es unter anderem um Remigranten der ersten Gast-
arbeitergeneration. Sie können selbst zu Wort kommen, in ihren Erzählungen. Wie aber untersucht man an Ihrem Institut das Rückkehren, und
haben Sie bestimmte Länder besonders ins Auge gefasst?**

Unser Projekt „Re-Turn" („Regions benefitting from returning migrants")
wird aus Strukturfondsmitteln der Europäischen Union gefördert und steht
erst am Anfang. Wir wissen, dass zum Beispiel für Polen eine Hauptzielregi-
on das Vereinigte Königreich darstellt, viele Slowenen nach Österreich ab-
gewandert sind und auch viele Deutsche, vor allem Ostdeutsche, ebenfalls
nach Österreich und in die Schweiz gezogen sind. Zwischen 2003 und 2007
sind ca. 2,2 Millionen Menschen aus den neuen EU-Mitgliedsländern in die
alte EU gewandert. Allein 2006 verlegten ca. 20.000 Deutsche ihren Wohn-
sitz in die Schweiz und etwa 12.500 nach Österreich – und das sind nur die
offiziellen Statistiken, die viele reale Prozesse gar nicht fassen. Aus früheren
Studien zu transnationaler Migration wissen wir auch, dass im Verlauf von
etwa 10 Jahren gut die Hälfte der Zugewanderten das Zielland wieder verlässt – in den meisten Fällen in Richtung Heimatland. Bisher wurden die
damit verbundenen Wanderungs- und Integrationsprozesse nur sehr wenig
untersucht; insbesondere fehlen transnationale Forschungsansätze – eine
Lücke, die wir mit unserem Projekt schließen wollen.

Wenn man nun diese Phänomene untersucht, darf man aber heutzutage
keine simple unidirektionale Wanderungslogik unterstellen. Wanderungsbe-
wegungen finden zunehmend in komplexeren Migrationsbiographien statt,
die oft zirkulär, triangulär oder schlicht mehrdimensional sind und oft auch
multilokale Lebensformen umfassen. Neben der Diskussion um transnationale Räume spielen hier dann auch Theorien der Multilokalität eine große
Rolle. Aus diesen verschiedenen Perspektiven setzen wir unseren qualitativen
Forschungszugang zusammen und arbeiten neben quantitativen Analysen
auch mit ethnographischen Methoden. Wir befragen dabei Leute, die gerne in ihr Ursprungsland zurückkehren wollen, aber noch im Zielland wohnen, und solche, die schon zurückgewandert sind. Ergänzend wollen wir auch
mit Unternehmen sprechen, um ihre Erfahrung mit Rückwanderern und

Rückkehrinitiativen zu erschließen. Wir haben dafür ein vergleichendes Forschungsdesign entwickelt, das wir insbesondere im Hinblick auf Rückkehrer nach (Ost-)Deutschland, Polen, Slowenien, Ungarn, Tschechien und (Nord-) Italien anwenden.

Die türkischen Rückkehrer der 80er-Jahre machten oft die Erfahrung, dass ihr neues Wissen, zum Beispiel im Umgang mit komplizierten, modernen Maschinen, nicht richtig gewürdigt wurde. Das europäische Projekt über Rückkehrer, das Sie nun organisieren, hat dagegen sehr positive Worte: Die „besondere interkulturelle Kompetenz" von Menschen, die in mehreren Ländern gelebt haben. Das ist ein deutlicher Unterschied. Können Sie kurz das Ziel und die Aufgabe Ihres Projekts beschreiben?

Rückkehrer haben es nach ihrer Rückwanderung im Heimatland oft schwer. Sie haben im Ausland vielleicht neue Ansprüche an ihr eigenes Leben entwickelt, und ihr Heimatland hat sich während der längeren Abwesenheit verändert, alte Netzwerke bestehen oft nicht mehr. Rückkehrer werden auch unterschiedlich aufgenommen – manchmal positiv, manchmal negativ. Zudem gibt es sehr selten Anlaufstellen mit spezifischen Unterstützungsmöglichkeiten, die aus dem Ausland erreichbar sind und zum Beispiel bei der Existenzgründung helfen oder die besonderen Fähigkeiten bei der Jobsuche entsprechend nutzen.

Wir haben uns für einen positiven Umgang mit Migrationsprozessen entschieden und würdigen damit empirische Arbeiten, die sich vor dem Hintergrund der im Ausland erworbenen Kompetenzen auf individueller Ebene mit Potenzialen für die Regionalentwicklung durch (Rück-)Wanderung auseinandergesetzt haben. Dies überschneidet sich mit der zunehmenden Tendenz des Fachkräftemangels in agglomerationsfernen und wenig wissensintensiven Räumen. Leider spiegelt sich in unterschiedlichen Nationalitäten und den damit zusammenhängenden Wanderungsströmen auch die Stimmung in der Gesellschaft wider, die manche Zuwanderungsgruppen eher mit offenen Armen, andere eher reserviert empfängt. Innerhalb der EU sind nun die politischen Beschränkungen gefallen, die in manchen Ländern – auch in

Deutschland – einen Unterschied zwischen West- und Osteuropäern gezogen haben. Damit entstehen auch neue Formen des Zusammenwachsens Europas, die sich hoffentlich in Zukunft auf andere Länder außerhalb der EU übertragen lassen. Doch wie gesagt, hier spielt die Einstellung der Gesellschaft eine große Rolle. Interessant ist in diesem Zusammenhang, dass nun vermehrt deutsche Arbeitnehmer zu Gastarbeitern werden und ihre berufliche Entwicklung in Großbritannien, Schweden, Österreich oder der Schweiz suchen – eine gute Erfahrung für unsere Gesellschaft, da sich hier eingeübte Rollenbilder plötzlich umdrehen.

Unser Blick im Projekt bezieht sich nun nicht auf die Maßnahmen, die bestimmte Regierungen einführen, um Zuwandernde wieder ‚loszuwerden', sondern auf Maßnahmen, Initiativen und Strategien, um Zuwanderung in Form von Rückwanderung besonders zu fördern. Wir sind sehr gespannt, was wir dabei herausfinden werden.

Ein kleines deutsches Gebiet, das untersucht werden soll, ist der Harz, das deutsche Mittelgebirge, das ja deutlich an Einwohnern verliert. Gibt es dort überhaupt ein Beispiel, eine Kampagne, einen einzigen Menschen, der gerne zurückgekehrt ist, zum Beispiel als 30- oder 40-Jähriger?

Im Harz bestehen die gleichen Problemlagen wie in vielen anderen Gebieten im ländlichen Raum Deutschlands. Die Jugendlichen wandern meist nach Beendigung der Schulausbildung in großem Umfang in die näheren Großstädte (hier Hannover/Braunschweig, Göttingen, Hamburg, Magdeburg, Berlin, Leipzig/Halle) ab, um dort einer Berufsausbildung oder einem Studium nachzugehen. Umgekehrt gibt es aber auch einen temporären Zuzug von Studenten in den Harz, da die dort ansässige Hochschule Harz auch junge Leute aus nahe gelegenen Großstadtregionen anzieht.

Im Bereich der Rückwanderung von ‚Harzern' in den Harz lässt sich auf Basis unserer Vorstudien zum Projekt „Re-Turn" festhalten, dass wir durchaus mehrere Fälle gefunden haben, in denen junge Leute nach ihrer Ausbildung/ nach ihrem Studium und erster Berufserfahrung wieder zurückkehren.

Dies hat meist primär mit privaten Motivlagen zu tun. Oft sehen sich junge Menschen im Moment der Familiengründung in Großstadtregionen einem erheblichen Stress in der Bewältigung der Alltagsorganisation ausgesetzt. Kinderbetreuung ist schlecht zugänglich, Mietpreise für Wohnraum teuer, Wege innerhalb der Großstadt kosten Zeit. Im Harz hingegen sind oft die Eltern – nun Großeltern – ansässig und können bei der Bewältigung des Alltags eine Hilfsfunktion übernehmen, die die Nachteile des Harzes gegenüber den Großstadtregionen (beispielsweise geringeres Lohnniveau, fehlendes kulturelles Angebot) aufwiegt.

Zudem ist im Harz aber auch die geographische Nähe zu großstädtischen Arbeitsmärkten ausschlaggebend für Rückwanderung. Innerhalb von 1,5 Autostunden können Hannover, Braunschweig, Magdeburg und Leipzig/Halle erreicht werden, so dass man bei Rückzug in den Harz nicht nur auf den lokalen Arbeitsmarkt angewiesen ist. Gleichzeitig ist der Harzkreis innerhalb Sachsen-Anhalts aber auch einer der Landkreise, in denen durch Tourismus und Produzierendes Gewerbe noch überdurchschnittlich attraktive Arbeitsplätze vorhanden sind.

Letztlich vermuten wir aus bisherigen Erfahrungen auch, dass Personen, die in charakteristischen Landschaften wie dem Harz aufgewachsen sind, eine Art spezieller Heimatbindung entwickeln, die eine Rückkehr aus Großstadtregionen begünstigt. Dies ist aber bisher nur eine empirisch unbestätigte Vermutung, die wir im Rahmen des Re-Turn-Projektes untersuchen möchten.

Es gibt somit also eine Mischung aus generellen Standorteigenschaften und persönlichen Lebensumständen, die im Harz durchaus Rückwanderung bedingen.

Gibt es Gegenden in Europa, die gezielt Menschen in ihre alte Heimat zurückholen und ihnen auch Anreize geben? Und kann man ein paar Regeln ableiten, die nicht nur für eine Gegend gelten, sondern für mehrere Regionen in Europa – so genannte Good-practice-Beispiele oder Leuchttürme des Gelingens?

Aus unseren bisherigen Erfahrungen – meist aus Situationen, in denen wir mit anderen über das Re-Turn-Projekt gesprochen haben – wurde deutlich, dass es durchaus eine ganze Reihe von gezielten Rückwanderungsinitiativen gibt. Diese scheinen aber bisher wenig erfolgreich zu sein. Innerhalb Deutschlands haben insbesondere die ostdeutschen Bundesländer und einige Kommunen sowie dort ansässige Unternehmen versucht, Rückwanderung zu stimulieren. So wird in Mecklenburg-Vorpommern von einem Unternehmen das Internetportal mv4you betrieben, in Sachsen engagiert sich die IHK mit der Internetseite sachsekommzurueck.de, in Sachsen-Anhalt betreut das Bildungswerk der Wirtschaft ein Portal namens PFIFF. All diese Internetangebote richten sich gezielt an Fach- und Führungskräfte – nicht nur Rückwanderer – und stellen Informationen zu den Regionen allgemein und zu Jobangeboten im Speziellen bereit. Hier werden ökonomische Aspekte als Motivlage der Rückkehr in den Vordergrund gestellt.

Daneben gibt es auch Projekte, die die emotionalen Seiten einer Rückkehr betonen. Insbesondere die Rückkehr in ‚die Heimat' wird hier als Anknüpfungspunkt genutzt. So versendete bspw. die Stadt Magdeburg 1.000 Heimatschachteln an junge Abgewanderte, um deren Identifizierung mit Magdeburg ins Gedächtnis zu rufen.

Ist Ihr Projekt wichtig?

Natürlich halten wir unser Projekt für wichtig, weil wir damit nicht nur einen Beitrag zur Überwindung von bisher eher trennenden Grenzen leisten, sondern weil wir auch ein Phänomen erklären wollen, das mit der europäischen Neukonfiguration von Grenzen und Grenzregimen an Bedeutung gewinnt. Nebenbei wurde unser Projekt von den Fördermittelgebern als besonders innovativ gelobt, und auch auf regionaler Ebene haben wir sehr viele Partner auf Ministeriumsebene im Projekt sowie auch alle Arbeitsagenturen der acht Fallregionen, die sich praxisnahe Empfehlungen erhoffen, die wir im regelmäßigen Austausch im Laufe der dreijährigen Förderperiode gemeinsam erarbeiten werden.

Sind viele Migranten gar nicht an der fest vorgenommenen Rückkehr interessiert, weil sie wissen, dass sie mal hier, mal da sein werden, auch im Rentenalter?

In unserem Projekt konzentrieren wir uns auf eine Zielgruppe, die noch voll im Berufsleben steckt. Wenn wir uns Ruhestandswanderungen anschauen, sind diese oft zirkulär oder saisonal. Doch auch unter den jüngeren Arbeitnehmern oder Selbstständigen gibt es natürlich solche, die nicht wieder in ihre ursprüngliche Heimat wandern wollen, zumindest nicht für immer bzw. dauerhaft. Aber einen bestimmten Teil wird es immer zurückziehen, sei es aus familiären oder kulturellen Gründen. Diese Zielgruppe untersuchen wir bei „Re-Turn".

Zudem ist zu beobachten, dass sich durch verbesserte Erreichbarkeiten (IuK-Technologien, Verkehrsinfrastruktur etc.) neue multilokale Lebensentwürfe vermehrt in der Gesellschaft entwickeln. Dies beinhaltet natürlich nicht nur das Leben in mehreren Großstädten, sondern auch die komplementäre Nutzung eines ländlichen Raumes und einer Großstadt. So kann man Rückwanderung auch als Teilprozess der alltäglichen Lebensführung verstehen, bei dem durchaus auch eine weitere Verankerung in der Abwanderungsregion bestehen bleibt.

Darf sich Ihr Institut auch mit Gefühlen befassen? Dürfen Sie das in Ihren Forschungsbericht schreiben, was Einzelne erleben/sagen?

Natürlich dürfen wird das. Wir müssen das sogar, wenn wir daraus Rückschlüsse für zum Beispiel Wanderungsmotive ziehen oder kollektive Identitäten identifizieren wollen. Ein wesentlicher Teil unserer Forschungen basiert auf direkten Gesprächen mit den Wandernden.

Teil 4:

Türkei – Deutschland und zurück

Erinnerungen von Gastarbeitern der ersten Generation,
die im Berufsalter in die Türkei zurückkehrten.
Ein Rückblick der Eltern und ihrer Kinder.
Die Erinnerungen und Kommentare in diesem Teil
wurden vor rund zehn Jahren niedergeschrieben.

Hikmet Asutay
Eine lange Geschichte von der Autobahn E 5 in Jugoslawien

Ich wuchs als Kind in Deutschland auf. Wenn ich mein Leben und die Migration meiner Eltern betrachte, so fällt mir zuerst ein Lied ein: *„Der Deutschlandzug fährt vom Bahnhof ab, wer möchte sich von der Geliebten verabschieden..."*
So lautete eine Arabeske – ein türkischer, sentimentaler Schlager – in der goldenen Zeit solcher Arabesken, den 60er-Jahren, zu Zeiten der großen Migrationswelle aus der Türkei. Die Migranten waren vor allem die jungen Türken, die während der politisch-ökonomischen Schwankungen alles neu aufbauen mussten und die Demokratisierung anstrebten. Dieses Phänomen nennen wir ökonomische Migration. Vom Dorf in die Städte, von den Städten in die Großstädte und endlich von allen Orten des Landes in die Außenwelt. Den Ländern außerhalb der Türkei. Meistens waren die Menschen nach Europa bzw. nach Deutschland unterwegs. Sie hatten ihre Sachen, Bag and Baggage, einfach eingepackt mit der Hoffnung auf Brot und Arbeit. Was sie sich erhofften, war Arbeit und Verdienst genug, um ein kleines Einfamilienhaus in der Heimat zu kaufen, um dort nach der Rückkehr wohnen zu können, und genügend Kapital anzusparen, um ein kleines Geschäft aufzumachen. Nie zuvor hatten die Arbeitsämter so viel Arbeit. Jeden Tag warteten zahlreiche Hoffnungen in der Schlange vor der Tür des Amtes.
Es war etwa 30 bis 40 Jahre nach der Gründung der Türkischen Republik. Man hatte Armut und schlechte Zeiten erlebt. Die Arbeitslosigkeit war zu hoch. Besonders der Osten der Türkei, Anatolien, kämpfte mit der Armut. Dagegen nahm der Westen – Istanbul, Izmir und Ankara – immer mehr Migranten auf. Dieses Migrationsphänomen kannte keinen Anfang und kein Ende. „Außen (oder draußen) sein, nach Außen zur Arbeit gehen" war Sprichwort geworden und beschrieb eine lange Tradition in der türkischen Gesellschaft, die bis zu den Nomadengesellschaften zurückging. Deswegen inspirierte das Migrationsphänomen die Literatur, die Kunst und Kultur der Gesellschaft. „Ich bin Wanderer geworden und ziehe von Land zu Lande...";

Volkslieder behandelten immer wieder das Motiv des „Schwarzen Zuges": Die Trennung und Sehnsucht selbst.

Die Migranten verdienten und sparten genügend Geld, überwiesen einen Teil davon in die Heimat und warteten darauf, wieder zurückkehren zu können. Heute ist dieses Phänomen immer noch anzutreffen. Die wichtigste Veränderung ist vielleicht, dass es nicht die Züge am Bahnhof sind, sondern die Flugzeuge auf den Flughäfen. Die Türen des Außens (des Migrationlandes) sind jetzt auch offen für die Ehepartner und für die Kinder. Jetzt wird die Migration mit der ganzen Familie zusammen erlebt. So kann man wahrscheinlich mehr Geduld beim Warten auf die Rückkehr haben. Migration (Außen) befindet sich jetzt nicht dort drüben, sondern in einem selbst; so wie es das Lied „Ich bin nicht draußen, sondern draußen ist in mir selbst ..." ausdrückt.

Monate und Jahre vergingen. Die Zeit bis zum erwarteten Tag der Rückkehr verlängerte sich immer mehr. Jeden Abend wurden die Sachen eingepackt, jeden Morgen wieder aus. So wurde der Rückkehrgedanke vom Abend bis zum Morgen abgelegt. Die Zeit lief weiter, bis mehr als zwanzig oder dreißig Jahre vergangen waren.

Die Jungen, die mit den schwarzen Zügen unterwegs waren, besuchten ihre Heimat mit Autos, die Anfang der Siebziger Symbol für ökonomischen Aufstieg und Reichtum waren. Die Gastarbeiter, die damals beim Abschied bejubelt wurden, nannte man bei ihren Besuchen mit ihren Autokonvois im Heimatland ‚Deutschländer', gleichsam Fremde. Dieses Wort war nicht freundlich zu verstehen.

Die Gastarbeiter nutzten damals die E-5, die internationale Autobahn. Die Last der Autos war so schwer, dass die Reifen fast platt wurden. Die Ladung bestand meistens aus Geschenken für die Verwandten, Nachbarn und Kollegen. Die Gastarbeiter erfreuten mit ihren unzähligen Geschenken nicht nur ihre Umgebung und mit ihren D-Mark nicht nur ihr Heimatland, sondern auch all die Nachbarländer auf der Strecke in die Heimat, die Tankstellen, Supermärkte, Restaurants, Verkäufer, Souvenir-Shops, die Zollbeamten, Polizisten (besonders die Beamten des ehemaligen Jugoslawiens und Bulgariens) und auch die Autobahndiebe. Bis der Krieg in Jugoslawien begann. Seitdem ist niemand mehr, insbesondere all die genannten Handelsgebiete, so zufrieden wie zuvor. Die E-5-Autobahn ist jetzt auf ihrer langen Strecke in Einsamkeit versunken. Nun wird der problemlose, bequemere und viel schnellere Luftweg bevorzugt.

Nach dem zweiten Weltkrieg wurden in Deutschland die schweren Trümmer beiseite geräumt, und der Wiederaufbau wurde spürbar. Auch mit der Hilfe der Gastarbeiter, mit ihrem Fleiß wurde auf dem Boden der Bundesrepublik ein neues, starkes Deutschland errichtet. Der vaterlosen Generation der Nachkriegszeit mangelte es an arbeitsfähigen Männern, die Gastarbeiter glichen dies zum Teil aus. Auf der anderen Seite war die Folge der immer mehr zunehmenden Maschinisierung und Mechanisierung Arbeitslosigkeit.

In den 80er-Jahren veränderten sich die kollektive und humanistische Weltsicht und die Ideen der Studentenbewegung der 70er-Jahre. Oberflächlichkeit und subjektivische Ansätze hielten Einzug. Die Ausländerfeindlichkeit nahm in den 80er-Jahren immer mehr zu.

Die Gastarbeiter konnten zahlreiche schöne und schlechte Erlebnisse und Erfahrungen berichten. Zu den schlimmsten gehörte die Ausländerfeindlichkeit, insbesondere die Gewalttätigkeit der neonazistischen Szene. Es war die Zeit, in der Menschen brannten, in Häusern, die von Brandstiftern angezündet worden waren. Die Rassisten attackierten diejenigen, die anders waren. Diese Geschehnisse waren ein wichtiger Faktor für das Zurückkehren Vieler. Die Eltern sahen ihre Kinder in Gefahr. Einige entschieden sich zurückzukehren, einige schickten ihre Kinder allein in das Heimatland.

In den Achtzigern sahen sich die Gastarbeiter nicht mehr als Gäste, sondern als einheimische Bewohner der Bundesrepublik Deutschland, die sie als ihr Land und ihre Heimat und ihr Leben bezeichneten. Dann aber dachten sie um, wegen der Ausländerfeindlichkeit und der Rechtsextremisten, und überlegten zurückkehren. So entstand die Remigration. Die deutsche Regierung versprach denjenigen Geld, die in ihre alte Heimat zurückkehrten. Die türkischen Gastarbeiter wurden nicht mehr gebraucht. Viele der Remigrationen fanden in den Jahren zwischen 1984 und 1986 statt.

Aber ein wichtiger Punkt, ein kleines Detail war von den Gastarbeitern nicht beachtet worden: Sie waren nun nicht mehr die gleichen, die vor Jahren nach Deutschland gekommen waren. Viele türkische Familien traten aus pragmatischen und opportunistischen Gründen die Remigration an, die von der deutschen Regierung versprochene Summe im Blick. Aber die meisten konnten sich nicht mehr in der Türkei integrieren, obwohl es ihre eigene Heimatkultur war. Und viele, unter ihnen Kinder und Jugendliche, sind wieder zurückgekommen nach Deutschland, sobald es ihnen möglich war.

In der Türkei bot man in vielen Städten Integrationskurse für die Kinder und Jugendlichen an. Wirklich helfen konnten diese Kurse nicht. Denn es wurde vergessen, dass diese Kinder und Jugendlichen aus einer anderen Kultur kamen, ob sie nun schlecht oder gut Türkisch konnten. Gesellschaftlich-kulturelle Konflikte zwischen den Remigrantenkindern und den Lehrern und Behörden waren so unausweichlich. Einige dieser Integrationsschüler sind wieder nach Deutschland zurückgekehrt. Die in der Türkei gebliebenen remigrierten Kinder und Jugendlichen mussten die Realitäten ihres von ihnen als archaisch empfundenen Heimatlandes akzeptieren. Aber alle, die zwischen beiden Kulturen geblieben sind, litten unter diesem Dazwischensein. Sie befanden sich im Zwischenland.

Es ist möglich, den (Re-)Migrationsprozess zu klassifizieren: In diesem Sinne kann man die Familien in drei Gruppen einsortieren. Erstens die Gruppe der in Deutschland gebliebenen Familien. Zweitens die Rentnergruppe, die die verschiedenen Jahreszeiten abwechselnd in Deutschland und in der Türkei verbringt. Die letzte Gruppe ist die Remigrantengruppe, die jetzt in der Türkei lebt.

Die in Deutschland lebenden Migranten, also die erste Gruppe, bemerken nach einiger Zeit, dass sie keine Gäste, sondern in Deutschland ansässig sind. Sie haben ihren früheren Rückkehrwunsch aufgegeben. Viele von diesen Menschen begründen die Entscheidung, in Deutschland zu bleiben, mit dem deutschen Gesundheitswesen.

Die Entscheidung, in Deutschland ansässig zu bleiben, ist im Alltagsleben sichtbar. Die in Deutschland langfristig Gebliebenen verändern ihre Lebensart: Sie formieren sich um – ihre Häuser, Kleidung und Möbel. All das, was sie in ihren ersten Jahren teilweise auf dem Flohmarkt gekauft haben, haben sie weggeworfen und durch Neues ersetzt. Sie haben die Eigenschaften einer Konsumgesellschaft übernommen. Diese Veränderungen zeigen, dass sie sich als Mitbürger der Bundesrepublik fühlen. Sie fahren neue Autos, in ihren Wohnungen ist alles erneuert worden, von den Tapeten bis zu den Bodenbelägen. Einige Familien sind an Immobilien interessiert. Sie kaufen Wohnungen oder Häuser in Deutschland, nicht in der Türkei. Die Immobilien sind ein Merkmal für ihre Ansässigkeit. Sie überweisen auch nicht so viel Geld wie früher ins Heimatland. Sie leben doch hier, in Deutschland.

Es ist aber auch eine andere Realität für die in Deutschland lebenden Türken zu beobachten. Das ist globale Subkultur. Auf der Straße, auf dem Markt, im Kaffeehaus, an der Universität. Die deutsche Sprache und Kultur ist der kollektive Anhaltspunkt. Das Türkisch der hier lebenden Jugendlichen ist keine türkische Sprache mehr. Sie sprechen verschiedene Regionalakzente, aber das sind jeweils türkische Akzente aus Deutschland. Diese türkische Minderheit hat also ihre Subkultur in Deutschland entwickelt. Darunter sind die Akzentänderung, die Literatur (wie die Migrationsliteratur), das alltägliche Leben, die türkischen Geschäfte, die soziokulturellen, wirtschaftlichen und auch politischen Beziehungen untereinander und mit den anderen zu verstehen.

Das heißt aber nicht, dass diese Familien in Deutschland keine Kontakte mit der Türkei haben. Aber ihr Lebensmittelpunkt ist Deutschland. Sie gehören zu Deutschland. Vom Zurückkehren ins Heimatland redet man fast nicht mehr. Mehr gesprochen wird über die Ferien. So wird die alte Heimat zu einem Urlaubsort. Insbesondere für die türkischen Jugendlichen dieser Migrantengruppe bedeutet die Türkei höchstwahrscheinlich nicht viel mehr als Spanien, Griechenland oder andere Urlaubsländer.

Die Familien in der zweiten Gruppe stehen der ersten Gruppe nahe. Diese Familien kommen hauptsächlich in den Sommermonaten in die Türkei und genießen ihre Rentnerzeiten. Aber sie können nicht auf Deutschland verzichten. Deutschland ist das Land, in dem sie die meisten Jahre ihres Lebens verbracht haben – und an dessen Gesellschaftsordnung sie gewöhnt sind. In der Türkei begegnen sie Problemen in vielen Gebieten. Die Türkei ist für sie mehr Urlaubsort als Heimat. Denn die Heimat ist ihnen fremd geworden. Ihre gewohnte Umgebung ist ihnen fremd geworden, oder sie existiert nicht mehr.

Die dritte Gruppe sind diejenigen, die in die Türkei zurückgekehrt sind. Sie leben in der Türkei. Einige haben überhaupt keine Verbindungen mehr nach Deutschland. Diese Menschen haben bei ihrem Neustart in der Türkei sehr viele Schwierigkeiten erlebt. Wohin sie auch zurückgekehrt sind: Es war nicht mehr der ihnen vertraute Ort. Sie sind nicht mehr die Gastarbeiter gewesen, die vor Jahren in Istanbul in die Züge nach Deutschland gestiegen sind. Ihre Werte und Weltanschauung haben sich verändert. In die neue, alte Heimat zurückgekehrt, mussten sie alles wieder neu aufbauen. Ein neues Leben, eine neue Welt prallte auf diese Menschen. Sie brauchten Zeit, sich eine neue Lebensordnung zu schaffen.

Die Remigranten haben tatsächlich einen Kulturschock erlebt. Sie trafen fast an allen Stellen auf Konflikte im allgemeinen Gesellschafts- und Kultursystem, wie beispielsweise bei Ämtern, Behörden oder auch im Straßenverkehr. Die Auseinandersetzungen werden sie vielleicht ein Leben lang mit sich tragen. Aber am schlimmsten war es, dass ihnen nach Jahren der Arbeit im Gastland Kraft fehlte. Die meisten von ihnen sind dennoch heute zufrieden. Ihre Kinder sind mittlerweile erwachsen und berufstätig. Jetzt verbringen sie ihre Zeit mit ihren Enkelkindern. Einige von ihnen sind aber noch heute nicht glücklich. Sie glauben, dass sie nicht hätten zurückkehren sollen. Ihre eigene Gesellschaft habe sie allein gelassen. Am Ziel ihrer Reise, wieder zurück im Heimatland, wartete keine Hoffnung, sondern Enttäuschung auf sie. Dieses Gefühl gehört zur Natur der Remigration. Sie waren ja nicht kurz, sondern ein halbes Leben in Deutschland, haben hier einen bedeutenden Sozialisationsprozess durchlaufen.

Die Rückkehrer haben sehr viel Gutes in die Heimat mitgebracht, und zwar mehr als D-Mark und Geschenke. Das Gute waren soziale, gesellschaftskulturelle Eigenschaften, Mehrsprachigkeit und Wissen. Wohin auch immer sie in die Türkei zurückgekommen sind, sie sind als gebildete Europäer und als Vorbilder angesehen worden. Und sie haben diese Rolle in der Gesellschaft angenommen. Am wichtigsten ist es, dass sie zwischen zwei verschiedenen Kulturen gelebt, vieles gesehen und erlebt haben und eine Brücke zwischen den Kulturen schlagen können. Aber ihre Erfahrungen und Kenntnisse blieben meist ungenutzt. Sie wurden von manchen Menschen in der Türkei nur als

'Deutschländer' bezeichnet. Dagegen sind ihre Kinder beruflich erfolgreich geworden. Ihr Erfolg liegt auch darin begründet, dass sie in Deutschland eine gute Ausbildung genossen haben. Die Remigrierten leben jetzt in ihren bescheidenen Umgebungen, aber sie sind ein Vorbild für die Gesellschaft. Denn sie sind schneller als ihre in der Türkei gebliebenen Landsleute im positiven Sinne sozialisiert worden.

Die Remigranten haben vieles aus Deutschland mitgebracht, wie beispielsweise Toleranz und Ehrlichkeit. Auch die Liebe zu Pflanzen oder dem Grünen. All dies haben sie natürlich nicht erst in Deutschland gefunden, aber die schon in ihnen steckenden Werte wurden geweckt. Außerdem haben sie die deutsche Disziplin, Pünktlichkeit, Akzeptanz der Gesellschaftsordnung, die Umweltfreundlichkeit und die Menschenrechte verinnerlicht.

Ob die Deutschen ab und zu an die Remigranten denken? Was denken die Deutschen über diese Menschen, die in der Wiederaufbauzeit Deutschlands mit ihnen zusammengearbeitet haben, die für einige Zeit als Gastarbeiter hier waren, dann heimisch geworden sind, die manchmal Freund, zeitweise das Andere oder nur die Ausländer waren?

Was wissen die Deutschen über das Leben der Remigranten in der Türkei? Haben sie ihre gesellschaftlich-kulturelle Einsamkeit gefühlt? Anfangs hatten die Remigranten mehrere Heimatländer, dann sind sie heimatlos geworden. Haben die Deutschen den Remigranten nachgetrauert? Niemand weiß es genau. Können sie die Sehnsucht nach Heimat nachempfinden? Wie fühlen sie sich, wenn sie in der Fremde Ausländer genannt werden? Wie würden sie auf ihre brennenden Häuser reagieren?

Fast jeder Deutsche hat heute türkische Freunde oder Bekannte. Was denken die deutschen Freunde, Kollegen oder Bekannten, wenn sie von den Remigranten „unsere deutschen Freunde" genannt werden? Wissen sie, dass die Remigranten an sie denken und sich nach ihnen sehnen? Und werden Remigranten immer noch als Gastarbeiter oder doch als Freunde gesehen? Die Remigranten erleben eine ganz andere Einsamkeit und Entfremdung in ihrem eigenen Heimatland.

Unter einem Denkmal im deutschen Wanne-Eickel steht die Inschrift: „Deutsches Volk, vergiss uns nicht!" Was bedeutet dieser Satz für Remi-

granten? Viele von ihnen verstehen den Satz völlig anders als in seinem historischen Kontext. Jeder assoziiert bei diesem Satz eine ganz andere Geschichte.
Zum Beispiel: Die lange E-5-Geschichte, also ein bisschen von allem.

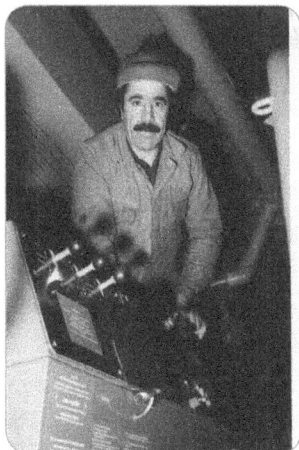

In den 80er-Jahren wollte der Gastarbeiter
Fayik Asutay in die Türkei zurückkehren, aber
seine Kinder sahen Deutschland als Heimat.
Wegen der Kinder blieb er in Deutschland.

Der kulturinteressierte Sohn Hikmet. Ein glückliches Foto, aufgenommen, als die ganze Familie zusammen war.

Hasan Sebüktekin
Ein Kulturgarten in der Tasche

Ich lernte Deutsch in der Schule und hatte mehrere Stipendien für Deutsch als Germanistikstudent und Dozent. Wie können Deutsche diese Erinnerungen der ersten türkischen Gastarbeitergeneration lesen? Ich habe versucht, eine universale Perspektive einzunehmen. Dann sind die Erinnerungen ein Kulturgarten in der Tasche, in dem wir die neuen und teilweise auch die verlorenen Spuren unserer Vergangenheit zu finden hoffen. So können wir einen Überblick über das Ganze gewinnen, die unsichtbaren, übergreifenden Zusammenhänge sichtbar werden lassen.

Die Gastarbeiter sind Menschen gewesen, die sich einst voller Hoffnungen, Kraft und Energie für den deutschen Wohlstand einsetzten. Und sie bildeten eine andere Farbe in dem Garten – und trotzdem sind sie später peu à peu in Vergessenheit geraten. Welche Träume hatten sie? Wie sahen ihre Hoffnungen aus? Sind sie nun glücklich, wo haben sie sich niedergelassen, was ist aus ihnen geworden? Darüber machen wir uns keine Gedanken.

Sie waren aber ein Teil Deutschlands, trugen zur Entwicklung der Gesellschaft bei und leisteten einen wesentlichen Beitrag zu dem, was Deutschland jetzt ist, also auch zu Wohlstand und Glück. Sie verkörperten für die Deutschen vielleicht auch das Fremde in sich selbst, das sie verstehen wollten – es gelang ihnen aber nicht.

In der Reaktion auf das Fremde können wir uns besser verstehen lernen. Diese Chance haben wir vielleicht schon verpasst. Sind wir denn nicht stets auf der Suche nach unserer Identität? Alles erhält seinen Sinn durch den Vergleich mit seinem Gegenteil. Schwer ist es jedoch, den Sinn in der Sinnlosigkeit zu erfassen. Wer sich selbst besser kennenlernen und Distanz zu sich gewinnen will, muss zuerst das Fremde kennen. Wer das Andere nicht kennt, weiß nichts von seinem Eigenen.

Damit wir, egal ob Deutsche, Türken oder Osteuropäer, in allen Ländern, auch in unserem eigenen, nicht als Fremde leben, dürfen wir uns im Kopf keine neuen Berliner Mauern errichten. Auch wenn wir die gleiche Sprache sprechen, stolpern wir über Vorurteile, Vorbehalte und Klischees.

Die Menschen, die wir Remigranten nennen, können ein Antrieb auf dem Weg zum Fortschritt und zur Entdeckung der wahren Menschenliebe sein, da sie als Menschen der Zwischenwelt einen supranationalen Überblick besitzen. Sie können Licht auf das Ganze werfen.

Es lebe der Unterschied, es lebe also die andere Farbe als andere Kultur, durch die wir lernen und die Monotonie überwinden. Zugleich erweitern wir unsere Sinnhorizonte und machen uns unserer eigenen bewusst.

„Bier statt Wasser, Gewerkschaft, Mercedes... Ich hätte nie zurückkehren sollen ..." | *Nurhan und Mehmet Akgün*

Der Vater Mehmet erzählt, die Mutter Nurhan macht Anmerkungen.

Am 25. Juni 1969 habe ich angefangen, in Deutschland zu arbeiten. Mein älterer Bruder kam schon vor mir, im Jahre 1968, nach Deutschland. Nach einem Jahr hat er für mich einen Antrag gestellt, und so bin auch ich nach Deutschland gekommen.

Nach dem Besuch des Gymnasiums in der Türkei wurde ich zum Wehrdienst einberufen. Als ich entlassen wurde, war die Arbeitslosigkeit groß. Sie können sich diese Zeiten nicht vorstellen. Im selben Jahr war mein Bruder zum Urlaub in die Türkei gekommen. Er sagte: „Ich bringe dich nach Deutschland. Du kannst mit deiner Schulbildung auch in Deutschland weitermachen." Er erzählte mir von Deutschland. Und so habe ich mich entschlossen, nach Deutschland zu gehen.

Sechs Monate nach der Entlassung aus dem Wehrdienst ist die Einladung gekommen. Ich bin als Gastarbeiter nach Deutschland gegangen und nicht weiter zur Schule gegangen. Es war ein anderes Land. Es gefiel mir. Die Sprache nicht zu können, war natürlich für mich sehr schwierig. Ich konnte kein Wort Deutsch.

Was mich sehr beeindruckte, war, dass alle sehr früh aufstanden und zur Arbeit gingen. Frühmorgens um vier oder fünf gingen sie zur Arbeit. So früh unterwegs zu sein war für mich sehr ungewöhnlich. Sonderbar war für mich besonders, dass die Deutschen anstatt Wasser Bier tranken. Wirklich, ich fand es seltsam. Weil ich es nicht gewohnt war, dachte ich mir „O Gott, werde ich hier verdursten?".

Damals konnte ich natürlich auch kein Deutsch. Der Dolmetscher war aus Kars und er hieß Mehmet. Er brachte mir einiges bei. Man zeigte mir die Kantine auf meiner Arbeitsstelle, und man sagte, ich könne hier auch Wasser bekommen. Das Essen kam mir auch anders vor. Du weißt ja, die Deutschen essen nicht viel Brot. In den ersten Tagen in der Arbeit ist mir das schon aufgefallen. Salami, Wurst, Schweinefleisch und belegte Brote, und dazu gab es entweder Bier oder Kaffee. Aufgekochtes Wasser war immer bereit.

Ich habe mir immer Gedanken gemacht, warum sie so wenig Brot essen. Es war für mich eigenartig. Ich fragte mich: „Vielleicht wird hier nicht genug Brot verkauft?". Für mich kauften meine Brüder ein. Eine Zeit lang wohnten wir in einem Wohnheim. Einmal, nach Feierabend, war ich sehr hungrig. In der Kantine habe ich einen Kuchen zeigenderweise bestellt und dazu Wasser.

Es gab in der Nähe des Wohnheims einen Bach. Ich bin dort hingegangen und habe mich in den Schatten gesetzt. Ich aß das Stück Kuchen. Danach war ich wieder sehr durstig, aber es gab nun kein Wasser. In dem Heim wohnte ein italienischer Freund. Er gab mir dann ein Bier, mein erstes, und so habe ich angefangen, Bier zu trinken.

Meine Frau habe ich in Deutschland kennengelernt. Sie wohnte auch in einem Heim. Frauen und Männer lebten getrennt. Aber sie wohnten gleich nebeneinander. Mein Bruder war mit seiner Familie in Deutschland. Meine Schwägerin arbeitete mit meiner Frau. Sie waren gute Freundinnen. So haben wir uns kennengelernt.

Mit den Deutschen waren wir befreundet. Besonders, als wir angefangen haben, Deutsch zu lernen. Ich habe die deutsche Sprache durch Sprechen gelernt. Einen Deutschkurs habe ich nicht besucht. Es gab ein paar Deutschbücher, die ich las. Aber mehr habe ich gelernt, indem ich mit Freunden und Nachbarn redete.

Nach einiger Zeit wurde ich zum Gewerkschaftsvertreter gewählt. Auch deshalb hatte ich eine enge Beziehung zu den Deutschen. Die Beziehung zu unseren Nachbarn und Freunden war besonders gut. Sie haben uns sehr gemocht. Unsere Kinder

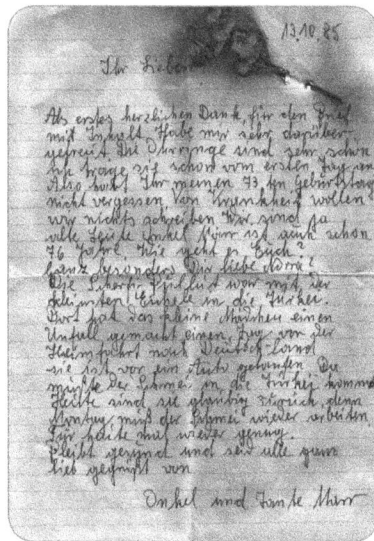

© Familie Akgün

Brief von alten deutschen Freunden, den diese in die Türkei sandten. Er hatte immer einen ehrenvollen Platz.

Serap und Serpil hatten auch feste Verbindungen. Sie sagten „Oma" zu einer Nachbarin. Die anderen Nachbarn sagten zu dieser Frau „Du bist jetzt Oma der Türken geworden", und sie sagte „Ich habe sie ganz gern". Wir besuchten uns gegenseitig. Nach der Rückkehr haben wir uns einige Zeit geschrieben. Ich hebe die Briefe immer noch auf. Plötzlich hörte der Briefkontakt auf. Wir haben keine Ahnung, was passiert ist.

Als unsere Tochter Serap nach einigen Jahren des Lebens in der Türkei wieder in Deutschland war, hat sie bei ihr vorbeigeschaut, aber sie hat sie nicht erreichen können.

Nurhan: Hier ist ein Brief. Der Brief ist von ihr. Auch Blumen hat sie beigelegt, genau fünf Stück, weil sie zu fünft waren. Die roten, kleine Blumen bewahren immer noch ihre Farbe.

Mehmet: Nach Seraps Geburt habe ich meine Frau nicht arbeiten lassen. Mein Einkommen reichte uns aus. Die Lohnzettel aus den Jahren habe ich immer noch. Die dreitausend Mark, die ich verdiente, reichten für uns. Ich sparte nicht. Ich passte mich der Lebensweise an. Ich wohnte in einem Haus und hatte ein Auto. Ich verzichtete auf nichts. Manche Freunde machten sogar Spaß und sagten, „Schau, in der Türkei saßst du auf dem Esel und jetzt fährst du einen Mercedes."

Wegen der Schulbildung meiner Kinder dachte ich zuerst daran, in die Türkei zurückzugehen. Aber dann redete mir eine Lehrerin meiner kleinen Tochter Serpil zu, sagte, dass sie in der Schule ausgezeichnet sei und auch die deutsche Sprache sehr gut beherrsche und nicht benachteiligt werden solle. Serap war eine recht gute Schülerin. Meine jüngere Tochter Serpil ließen sie nach dem Zwischenzeugnis von der türkischen Klasse zu einer deutschen Klasse übertreten. Die Lehrer meinten, dass es für sie von Vorteil wäre. Es gab aber einen Nachteil – die Kinder mussten mit zwei Kulturen aufwachsen.

In den Jahren 1977 bis 1978 war die Türkei in politische Unruhen verwickelt. Es gab große Auseinandersetzungen. Als ich in der Türkei im Urlaub war, wurde ich selbst Zeuge. Mein Neffe war auch dabei. Bevor wir aus dem Auto ausstiegen, hörten wir zwei oder drei Schüsse. Vor unseren Augen wurde jemand erschossen. Danach erfuhren wir, dass ein Medizinstudent erschossen worden sei. Ich dachte, dass dies auch mit meinen Kindern passieren könnte.

Daraufhin entschied ich mich endgültig, dass meine Kinder weiterhin in Deutschland in die Schule gehen sollen.

Ich wollte, dass die Kinder ihre Muttersprache und die türkische Kultur gut lernten. Natürlich bemühte ich mich auch, dass sie sich in Deutschland anpassten. Damals erlaubten viele türkische Eltern nicht, dass ihre Kinder in die Kirche gingen. Meine Kinder durften auch in die Kirche gehen. Auch der Kindergarten war sehr gut. Zwar erlebte Serap im Kindergarten ein paar unangenehme Sachen, aber es war trotzdem gut. In der Arbeit, mit den Nachbarn oder bei den Behörden konnten sie sich auf Deutsch verständigen. Das war für mich sehr wichtig. Ich konnte gut Deutsch und war deshalb in der Gewerkschaft.

Zuerst lachten die deutschen Kollegen über die Gastarbeiter. Damals gab es 1.500 Arbeiter in meiner Fabrik. Machmal machten sie unangenehme Sachen oder Späße. Zum Beispiel: „Deine Frau ist in der Türkei und du hier, wie kann das passieren?". Natürlich sind die Deutschen lockerer als wir. Der Humor ist auch anders. Für mich war es in Deutschland aber unangenehm. Ausländerfeindlichkeit gab es schon damals, und wir fühlten uns sehr belästigt. Egal wer du warst, im Endeffekt waren wir die Minderheit. Wenn die Deutschen über irgendetwas schimpften oder sich aufregten, sagten sie gleich „Türken raus".

Ich dachte mir, ich werde immer als Ausländer angesehen, auch wenn ich vierzig Jahre hier lebe. Meine Kinder werden nie Richter oder Politiker werden können. Auch bei den Behörden würden sie keine Arbeitsstelle bekommen, sie würden immer Ausländer bleiben. Abgesehen davon kam ich einigermaßen klar. Und in den 80er-Jahren wurde ihnen auch Geld angeboten, wenn sie in ihr Herkunftsland zurückkehren würden. Heute hat sich das alles natürlich geändert. Ich war auch wegen meiner Kinder beunruhigt. Ich war es leid, jeden Tag um vier oder um fünf mit dem Weckerklingeln aufzuwachen. Im Jahre 1984 kehrten nach meinem Kenntnisstand 48.000 Familien in die Türkei zurück, auch meine Familie.

Die Kinder waren sich nicht bewusst, was die Rückkehr bedeuten würde. Wie alle Eltern dachten wir an die Zukunft unserer Kinder. Nachdem wir zurückkehrten, versuchten wir mit den Kindern sowohl finanziell als auch moralisch auf derselben Schiene weiterzufahren. Wir wollten, dass sie Deutschland nicht vermissen. Nur unser Sohn zeigte eine Reaktion. Die Töchter sagten nicht viel zu unserer Rückkehr. Mit den Möglichkeiten, die wir hatten, versuchten wir den Kindern alles zu bieten. Wir bemühten uns, den Lebensstandard, den wir in Deutschland hatten, weiterzuführen. Als wir zurückkehrten, schrieb ich sogar meine Töchter an einer Privatschule ein. Natürlich machten die Kinder mit der Zeit Vergleiche. Sie sagten einmal „Vater! Die Schulausbildung in Deutschland ist besser".

Wirklich, ich empfinde keine Reue. Aber ich vermisse einiges. Manchmal sage ich „wäre ich bloß nicht zurückgekehrt". Deutschland ist vor allem bezüglich der Formalitäten in Behörden oder in Krankenhäusern vorbildlich. Das Leben in der Türkei ist sehr teuer. Sonst haben wir Gott sei Dank keine Beschwerden. Außerdem ist dies hier unser Heimatland. Freunde, Verwandte, alle sind hier. Ich fühle mich hier besser. Ich bereue es keineswegs, in Deutschland gelebt zu haben. Wenn, dann nur, dass ich anschließend zurückkehrte. Ich hätte nie zurückkehren sollen.

Ich danke Serap. Sie hat uns nicht blamiert. Sie hat sich bemüht und ihr Bestes gegeben. Für ihre Zukunft wünsche ich ihr Erfolg. Bei Serpil bin ich aber pessimistisch. Sie hat es mit dem Lernen nie gehabt. Die Lehrer hier in der Türkei zeigten kein Interesse, und an die Schule hier hat sie sich auch nicht gewöhnt. Als wir zurückkehrten konnte sie sogar besser Deutsch als Serap.

Serpil: Ja, damals war mein Deutsch besser als das meiner Schwester. Da ich hier keine Möglichkeit hatte zu sprechen, verlernte ich die Sprache mit der Zeit.

Nurhan: Deutschland ist nicht wie die Türkei. Dort läuft alles geregelt.

Mehmet: In Deutschland leben sehr viele Türken. Die Türkei hat mit Europa wirtschaftliche Beziehungen. Das Thema Europäische Union ist jetzt auch sehr aktuell. Ich hoffe, dass die Gastarbeiter in Deutschland auch dieselben Rechte erhalten, wie diejenigen, die in Europa leben. So sind meine Erwartungen. In Deutschland ist die Politik besser und sicherer als in der Türkei. In der Türkei ist das nicht so, die neue Regierung ist immer mit dem alten unzufrieden. Ich wünsche, dass die Türkei in dieser Hinsicht auch wie Deutschland wird.

Nurhan: Deutschland und die Türkei können nicht gleich sein. Die Kulturen sind unterschiedlich.

Mehmet: Es ist schön, alle Sprachen zu beherrschen, aber das ist nicht möglich. In der Türkei ist Englisch sehr gefragt. Meiner Meinung nach ist die deutsche Sprache auch sehr wichtig. Und natürlich auch Französisch und Russisch. In Österreich und in Deutschland leben sehr viele Türken. Deshalb ist es sogar eine Pflicht, die deutsche Sprache zu können. Im Zuge der Europäischen Union werden die Sprachen Deutsch, Französisch und natürlich Englisch sehr gefragt sein.

Nurhan: Wenn die Regierung wechselt, dann werden auch die Schulbücher gewechselt. Gibt es so etwas in Deutschland? Oder wenn man zum Arzt in Deutschland geht, ist es wie hier? Oder die Bänke, die Umwelt ist es wie in der Türkei? In der Türkei sind zu wenig gebildete Menschen. Was kann man schon mit ungebildeten Menschen anfangen? Entweder hätte ich nicht nach Deutschland gehen oder nicht zurückkehren sollen. Ich habe einen Beruf gelernt. Ich bin Schneiderin. Ich hätte auch hier mein Leben bestreiten können. Wenn ich nicht zurückgekehrt wäre, hätte vielleicht mein Sohn weitergelebt. Ich mache mir darüber Gedanken. An was sonst kann eine Mutter denken? Mein größter Kummer ist, dass mein Sohn gestorben ist. Vielleicht wäre er nicht gestorben, wenn wir in Deutschland geblieben wären. Die Türkei ist aber eben ganz anders, allein die Natur ist ganz anders. Die Türkei ist schön, aber die Unordnung ist ärgerlich. In Deutschland ist die Ordnung sehr schön, dem Menschen wird mehr Achtung gewährt.

Hier sind auf der Straße nur obdachlose Kinder. Beim Einkaufen wird man hier gezwungen, etwas zu kaufen. Ein Vergleich zwischen den beiden Ländern zu machen, ist schwer. Man kann fast unmöglich entscheiden. So wie die Jugendlichen leben auch wir in zwei Kulturen. Ganz am Anfang in Deutschland habe ich aus Versehen Wein statt Olivenöl gekauft. Ich wollte kochen. Eine Freundin hat mir vom Kochen abgeraten, weil ich nicht die richtigen Zutaten kaufen könnte wegen meiner Verständigungsschwierigkeiten. Wir hatten viele Schwierigkeiten. Es gab sogar Türken, die in das deutsche Lebensmittelgeschäft ein paar Bohnen mitgenommen haben, um sie dem deutschen Verkäufer zu zeigen. Oder auch viele, die mit ‚Finger – hinzeigend' einkauften. Es gibt ein Vorurteil, dass die Ausländer nur billig einkaufen. Denn uns wurde beim Einkaufen immer nur das billigste gezeigt, obwohl ich es nicht so wollte. Jeder ist anders. Wir haben vieles durchgemacht, bis wir uns anpassten. Aber danach fühlten wir uns wie in unserem Heimatland. Wir haben auch gelernt, in der Türkei zu leben. Deutschland war sehr schön für uns.

Serap Akgün
„Die schönen Erinnerungen erzeugen Schmerzen"

Seit unserer Rückkehr in die Türkei sind schon siebzehn Jahre vergangen, und manchmal habe ich sogar das Gefühl, mein ganzes Leben in der Türkei verbracht zu haben. Erst wenn ich an meine Kindheit denke, kommt es mir in Erinnerung, früher einmal in Deutschland gelebt zu haben.

In den ersten Tagen nach der Rückkehr nach Istanbul kam es mir vor, als ob wir nur auf einer Urlaubsreise wären und von Istanbul zuerst nach Malatya (der Geburtsstadt meines Vaters), danach nach Amasya (der Geburtsstadt meiner Mutter) und von dort schließlich wieder zurück nach Hause, also nach Bochum, fahren würden. Erst als unsere Möbel nach ein paar Tagen mit dem Möbeltransporter kamen, wurde mir bewusst, dass wir nicht mehr nach Deutschland zurückreisen würden. Ein unbeschreiblich schmerzhaftes Gefühl durchlief mich. Nennenswerte Probleme bei der Anpassung in der Türkei, sprachliche Probleme oder dergleichen, hatte ich nicht so viele. Dies habe ich aber meinen Eltern zu verdanken, weil sie sich sehr um mich und meine Geschwister gekümmert haben und unsere allgemeinen Lebensgewohnheiten aus Deutschland auch in der Türkei weitergeführt haben.

Wir lebten in der Großstadt Istanbul. Das war ein großer Vorteil für uns. Darüber hinaus haben mich meine Eltern in eine private Schule (das Kolleg ‚Özel Ortado—u Lisesi') eingeschrieben, in der auch die naturwissenschaftlichen Fächer auf Deutsch unterrichtet wurden. Da sich in meiner Klasse auch andere Rückkehrerkinder befanden, begegneten uns unsere Lehrer mit viel Toleranz. Dass ich nicht so viele sprachliche Probleme mit dem Türkischen hatte – außer dass mein Akzent nicht besonders gut war – lag daran, dass mein Vater mit mir in Deutschland gemeinsam türkische Kinderbücher las, die er während unserer Reisen in die Türkei kaufte. Er wollte, dass ich beide Sprachen und später dann auch Englisch gleich gut beherrsche.

Erst nach langer Zeit konnte ich wieder nach Deutschland fahren. Im Jahre 1993 erhielt ich vom DAAD ein Hochschulsommerkurs-Stipendium an der Universität Erlangen und bekam somit die Möglichkeit, Deutschland nach langen Jahren wiederzusehen. Aber für mich war zweifellos auch das zweite Stipendium, das ich im Wintersemester 1995/96 von der Bildungswissenschaftlichen Hochschule Flensburg erhielt, von sehr großer Bedeutung. Dieses Stipendium gab mir die Möglichkeit, an den Lehrveranstaltungen der Universität teilzunehmen und Materialien für meine Magisterarbeit zu sammeln. Während dieses Aufenthaltes sind auch neue Freundschaften mit deutschen Studierenden entstanden, mit denen ich noch heute in Kontakt bin. Das Aufregendeste war für mich aber, meine ehemalige Heimatstadt Bochum, in der ich meine Kindheit verbracht habe, nach langen Jahren wiederzusehen. Es gab dort nur sehr wenig Veränderungen, zumindest in den Stadtvierteln Querenburg und Wiemelhausen.

Ich erkannte viel von der Gegend, den Gebäuden, Straßen und Plätzen wieder und war stark beeindruckt: Unsere ehemalige Wohnung im Terassenhochhaus, die Spielplätze, zu denen ich meinen kleinen, heute verstorbenen Bruder brachte, meine Grundschule Auf dem alten Kamp, das Albert-Einstein-Gymnasium mit dem Geologischen Garten, das Uni-Center und so weiter.

Viel wichtiger waren aber selbstverständlich meine Freundinnen, vor allem Astrid, Katrin und Marion, mit denen ich jahrelang in Briefkontakt geblieben bin. Auch die liebevollen und mir unvergesslichen Menschen Tante Emmi (diese Anrede mochte sie lieber, als mit „Oma" angesprochen zu werden) und Onkel Hans, die mir viele Kinderlieder und -reime beigebracht haben und mit mir oft Federball spielten. Auch die liebe Tante Maria, die den ganzen Tag zwischen ihren Wollbergen saß, ununterbrochen strickte und dabei von ihrer Kindheit erzählte, ist für mich unvergesslich geblieben.

Ich sehe es heute als einen Gewinn, zweisprachig aufgewachsen zu sein, mich in beiden Sprachen und Kulturen gut auszukennen und mich sowohl in der einen als auch in der anderen zu Hause zu fühlen. Selbstverständlich ist Türkisch heute für mich die dominierende und wichtigere Sprache, so dass ich sie als meine Erstsprache bezeichnen würde.

Ali Ascı

„Schneeballspiele mit den Kollegen, Töpferwaren-Export nach der Rückkehr, keiner wollte meine Erfahrungen aus Deutschland nutzen ..."

Mein Vater lebte schon in Deutschland. Er verließ Anfang der 70-er Jahre die Türkei. Am 15. Juni 1971 bin ich ihm gefolgt und in München angekommen. Ich wollte meine wirtschaftliche Situation verbessern.

Ich arbeitete zwei Jahre in einer Milchfabrik. Mir fiel es nicht schwer, mich an das Umfeld anzupassen, denn meine Eltern waren bei mir, und ich besuchte nebenbei auch einen Sprachkurs. Ich war sehr ehrgeizig und konnte in kurzer Zeit schon das Nötigste. Somit hatte ich bei der Arbeit keine Schwierigkeiten.

Meine Frau kannte ich schon, bevor ich nach Deutschland kam. Mein jetziger Schwiegervater ist mit meinem Vater verwandt, und er war damals als Tourist in Deutschland. Ich habe ihn auf die Heirat angesprochen. Im Januar 1974 heirateten wir in der Türkei. Mit unseren deutschen Nachbarn hatten wir immer einen guten Kontakt.

Als unsere Kinder noch klein waren, sprach ich mal die Nachbarin an, die unter uns wohnte, ob die Kinder sie störten, und sie antwortete „Nein, ich habe sechs Kinder großgezogen". Mit meinen Arbeitskollegen verstand ich mich auch gut. Hier ist ein Beispiel dafür. Es war an einem Wintertag: Wir, meine deutschen, italienischen und jugoslawischen Freunde, haben uns vor der Möbelwerkstatt, in der ich arbeitete, gegenseitig mit Schneebällen beworfen. Jedenfalls respektierten wir uns.

Mein Lebensstandard war normal. Wir wohnten mit unseren drei Kindern in einer Genossenschaftswohnung. Die Miete war günstig. Ich arbeitete in einer Möbelwerkstatt und nebenbei war ich als Versicherungsvertreter tätig. Wir verzichteten auf nichts und lebten sehr wohlsituiert. Drei Monate vor unserer Rückkehr habe ich noch mit dem Direktverkauf von Töpfen angefangen und verdiente damit noch zusätzlich.

Auf die Schulausbildung meiner Kinder war ich sehr bedacht.

119

Damit sie die Sprache besser lernten, schickte ich sie in den Kindergarten. Die Kinder besuchten den Kindergarten aber nicht lange. Sie konnten sich weder an den Lehrer noch an die Freunde gewöhnen und sind öfters nach Hause gelaufen. Ich wollte sie nicht dazu zwingen und schickte sie nicht weiter hin. In der Schule sind sie in eine türkische Klasse gegangen. Sie hatten aber auch Deutschunterricht. Die Kinder haben die Grundschule in Deutschland besucht.

Die deutsche Sprache war für mich besonders wichtig. Ich brauchte Deutsch eigentlich überall. Kurz gesagt, wenn man problemlos leben will, muss man die Sprache beherrschen. Im Jahre 1984 ist der Betrieb, in dem ich gearbeitet habe, umgezogen. Der Arbeitsplatz war jetzt 60 km von München entfernt in einem Dorf. Ich habe in der Nähe keine Wohnung gefunden, und auch die Kinder hatten mit der Schule angefangen. Jeden Tag die Strecke zu pendeln war anstrengend. Deshalb suchte ich nach einer neuen Arbeitsstelle und bewarb mich mehrmals bei BMW. Ich erhielt aber Absagen. 1984 schloss mein Betrieb endgültig.

Die deutsche Regierung bot denjenigen, die in die Heimat zurückkehrten, 10.500 und für jedes Kind 1.500 Deutsche Mark an. Außerdem wurde noch bekanntgegeben, dass die Rentenversicherung sofort ausbezahlt wird, ohne vorher zwei Jahre zu warten. In Deutschland gab es zu dieser Zeit eine hohe Arbeitslosigkeit. Wir entschieden uns zurückzukehren.

Zu unseren Freunden in Deutschland haben wir immer noch Kontakt. Wir haben sogar wirtschaftliche Beziehungen. Wir exportieren Töpferwaren nach Deutschland. Es ist gut gewesen, dass wir zurückgekehrt sind.

Ich hatte 1985 einen Hühnerhof, machte aber im selben Jahr pleite. Zu diesem Zeitpunkt habe ich bereut, dass ich zurückgekehrt bin. In den Jahren 1988/89 eröffnete ich eine Möbelwerkstatt und übte somit meinen erlernten Beruf aus. Im Jahr 1990 intensivierte ich den Export der Töpferwaren.

Im Moment geht es mir wunderbar, ich bin sehr glücklich. Ich habe einen Sohn und zwei Töchter. Meine beiden Töchter sind verheiratet und Hausfrauen. Einer meiner Schwiegersöhne ist Laborant und der andere Finanzsachverständiger. Mein Sohn studiert an der Ondekizmart Universität Deutsch. Er ist im letzten Studienjahr. Ich wünsche ihm in seinem Berufsleben viel Erfolg.

In Deutschland gibt es noch immer sehr viele türkische Gastarbeiter. Seit Jahren leben Türken und Deutsche zusammen. Ich wünsche mir, dass Deutschland der Türkei bei der Aufnahme in die Europäische Union beisteht. Obwohl Englisch die Weltsprache ist, sollte die deutsche Sprache verbreitet und gefördert werden. Deutschland ist für die Türkei wirtschaftlich sehr bedeutsam. Leider wollte keiner die Erfahrungen, die ich in Deutschland gesammelt habe, nutzen.

Mihriban Aslan
„Ich spürte Müdigkeit"

Im Moment bin ich Hausfrau in Izmir. Nach Deutschland kam ich 1972. Dort ging ich zur Arbeit. Im Jahre 1972 war die Türkei politisch und sozial im Chaos. Ich war die älteste Tochter in meiner Familie. Damals war ich noch ledig. Finanziell gesehen waren wir schlecht gestellt. Wir wohnten in Izmir/Kemalpasa. Aus meinem Umfeld gingen viele als Gastarbeiter nach Deutschland. Ich war die einzige aus meiner Familie, die in der Lage war, als Gastarbeiterin nach Deutschland zu gehen. Ich meldete mich an und bekam eine Zusage. Es war zwar schwierig, aber es ging.

Ich war das erste Mal alleine in einem fremden Land. Darüber hinaus war es das erste Mal, dass ich getrennt von meinen Eltern lebte. Alles war sehr schwer. Ich hatte viele Schwierigkeiten, ich war sehr aufgeregt und wusste nicht, was mich alles erwartete. Ich war ja erst zwanzig. Ich bin mit dem Bus über Istanbul nach Deutschland gefahren. Die Lebensgeschichten der Gastarbeiter sind alle ähnlich. Im Mai 1972 kam ich nach Aalen – in der Nähe von Stuttgart. Eine Angestellte des Arbeitsamtes teilte uns mit, dass es ein Wohnheim für Ausländer gäbe und zeigte es uns. Ich wohnte mit sechs Frauen in einem Zimmer. Als Bandarbeiterin fand ich Arbeit bei der Firma Zeiss. In der Fabrik, in der ich arbeitete, waren überwiegend ausländische Arbeiter beschäftigt. Mein größtes Problem war die deutsche Sprache. Ich konnte mich deshalb öfters nicht ausdrücken. Wir hatten aber einen Sprecher, der uns sehr geholfen hat.

Ich hatte das Bedürfnis, mehr Geld zu verdienen. Ich fühlte mich sehr einsam. Es war eine sehr schwere Zeit. In dem Heim wohnten wir unter Fremden. Da sie uns sehr lästig waren, mieteten wir uns zu dritt eine Zwei-Zimmer-Wohnung. Das hat unser Leben, wenn auch nur ein wenig, erleichtert.

Auf die Wochenenden freuten wir uns sehr. Unsere einzige Absicht war es, Geld zu sparen und in die Türkei zurückzukehren. Natürlich dachte ich auch daran, zu heiraten. Ich fühlte mich sehr einsam und hätte jemanden gebraucht, der mich unterstützt. Meinen Ehemann lernte ich am 26. November 1972 an einem türkischen Abend kennen. Unsere Erwartungen an das Leben waren dieselben. Wir trafen uns jede Woche. So hat sich das entwickelt.

Im Sommer 1973 sind wir in die Türkei gefahren, um Urlaub zu machen. Ich erzählte meinen Eltern von Mehmet. Im gleichen Sommer heirateten wir in der Türkei. Es ging sehr schnell. Ich arbeitete mit meinem Mann in derselben Fabrik. Unsere Arbeitsstelle wechselten wir nicht. Nachdem unser Kind zur Welt gekommen war, wurde es für mich schwierig zu arbeiten.

Mein erstes und einziges Kind heißt Ömer. Er wurde im August 1974 geboren. Natürlich änderten sich auch unsere Wünsche. Unsere einzige Absicht war es, ihm eine gute Zukunft zu sichern.

In der Grundschule war er sehr gut. Nach der Grundschule ging er auf das Gymnasium. Er hat an der Universität Stuttgart Informatik studiert. Zurzeit macht er bei einer Firma ein Praktikum. An ein zweites Kind dachten wir nicht. Wir hatten nur Ömers Zukunft im Kopf.

Nach diesen Jahren spürten wir Müdigkeit. Ich war überlastet. Jahre an einem Ort mit immer demselben Ablauf zu leben, hatte mich und auch meinen Mann sehr erschöpft. Im Laufe der Zeit bekamen wir gesundheitliche Probleme. Im Jahre 1995 hatte ich eine schwere Herzoperation. Aus diesem Grunde hörte ich auch auf zu arbeiten. Mein Mann wurde zum Abteilungsleiter befördert. Er möchte in Deutschland in Rente gehen. Er und mein Sohn leben noch in Deutschland. Deshalb bin auch ich oft in Deutschland. Meine ärztlichen Untersuchungen lasse ich in Deutschland machen. Ich verbringe meine Zeit sowohl hier als auch in Deutschland.

Ich glaube, dass die meisten meiner Wünsche schon erfüllt wurden. Zumindest haben wir uns eine Wohnung und ein Ferienhaus gekauft. Wir haben auch Geld gespart. Mein Sohn ist in Deutschland geboren und ist dort aufgewachsen, weshalb er sich besser angepasst hat. Momentan möchte er in Deutschland leben.

Es gibt eigentlich noch vieles, was ich in der Türkei machen will. Auch wenn das Leben in Deutschland einfacher ist, auch wenn mein Mann und mein Sohn in Deutschland sind und mein Partner in Deutschland Rentner werden will, und auch wenn es so aussieht, als ob alles in Ordnung wäre, es gibt einiges, dass ich hier machen möchte. Aber vieles ist eingeschränkt.

Meine Geschwister, meine Verwandten und meine Freunde sind hier. So habe ich die Möglichkeit, sie alle zu sehen. Ich habe viele Pflichten und Aufgaben hier.

Coşkun Doğan
Moderne Sklaven

Mein Vater Abdullah kam Anfang der 60er Jahre nach Deutschland. Wenn ich auf die Jahre bis zur Remigration zurückblicke, denke ich vor allem an die sozialpolitische Dimension. Am Anfang der 60er-Jahre wurden zehntausende junge Leute aus der Türkei und aus anderen unentwickelten europäischen Ländern in die entwickelten als Arbeitskräfte eingeladen. Diese Länder waren die kapitalistischen Länder, die die Arbeitskräfte für ihre Wirtschaft brauchten, an erster Stelle Deutschland, Frankreich, die Niederlande, Österreich, Schweiz und Belgien. Der größte Teil der Arbeitskräfte aus unserer Heimat waren die jungen Männer.

Die Menschen wollten einige Jahre im Ausland arbeiten. Nachdem sie etwas gespart hatten, wollten sie zurück zu ihrer Familie, die sie in der Türkei gelassen hatten, um sich mit dem gesparten Geld selbstständig zu machen. Aber das, was sie zu Hause geplant hatten, konnten nur einige verwirklichen. Der größte Teil ist in Deutschland geblieben. Um mehr Geld verdienen zu können, haben sie Ehefrauen aus ihrer Heimat zu sich genommen, die Ehefrauen gingen auch zur Arbeit.

Sie sind heute aber nicht mehr nur Arbeiter und Mieter. Sie sind Arbeitgeber und Hausbesitzer. Zuerst konnten sie in den Ländern, in denen sie lebten, von den sozialen Rechten nicht genügend profitieren. Im Vergleich dazu haben die jetzt in Deutschland lebenden Türken mehr Möglichkeiten.

Die Türkei hatte in den 60er/70er-Jahren nicht genügend Arbeitsplätze. Ungefähr 60 Prozent der Bevölkerung wohnte in den Dörfern und versuchte, den Lebensunterhalt mit Landwirtschaft zu verdienen. In den Dörfern lebte man in der Großfamilie, aber nachdem jede Familie für sich zu leben begann, wurde die Teilung der Felder nötig. Die armen Leute, die für ihren Unterhalt in den Dörfern nicht sorgen konnten, zogen in die Großstädte um, um in den Fabriken zu arbeiten. Gerade zu dieser Zeit begann die Bewerbung um eine Arbeitsstelle im Ausland. Die jungen Leute, die von den Dörfern kamen, keine ausreichende Ausbildung, keine Berufe hatten, bewarben sich im Ausland um die unqualifizierten Arbeitsstellen.

Nach der Erzählung meines Vaters wurde die Auswahl der im Ausland arbeitenden Leute wie auf dem Sklavenmarkt nach einer gründlichen Gesundheitskontrolle getroffen. Dann wurden diese Leute mit Zügen in die Länder, in denen sie arbeiten sollten, transportiert, wie die mechanischen Teile einer Maschine.

Man vergaß, dass sie Menschen sind. Man gab ihnen keine Auskunft über die Länder, in die sie fuhren und in denen sie arbeiten sollten. Später verursachte dieses Versäumnis bei diesen Leuten psychische Krankheiten und Anpassungsprobleme.

Man brachte die Gastarbeiter in der Nähe der Fabriken in für sie vorbereitete Wohnheime unter. Damit wurden sie von der Gesellschaft dieses Gastlandes isoliert. Da sie die Sprache des Aufnahmelandes nicht konnten, mussten sie zuerst unter schlechten und schwierigen Umständen arbeiten.

Sie konnten nicht immer zum Arzt gehen, wenn sie krank waren, und arbeiteten weiter. Sie konnten nur über den Dolmetscher mit dem Meister ihrer Arbeitsstelle in Kontakt treten. Der Meister sagte ihnen, dass sie ihre Arbeit verlieren würden, wenn sie nicht gut arbeiteten. In den ersten Monaten führten sie ein monotones Leben zwischen Arbeitsplatz und Wohnheim. Dann fingen sie an, am Wochenende und in ihrer Freizeit in das Stadtzentrum zu fahren, um einzukaufen, spazierenzugehen und die Umgebung kennenzulernen.

Da sie die Sprache dieses Landes nicht kannten, erlebten sie komische und dramatische Situationen. Mein Vater erzählte mir beispielsweise, wie ein Gastarbeiter, um Eier kaufen zu können, ein Huhn nachahmen musste. Nach einigen Jahren brachten die Gastarbeiter ihre Familien in die fremden Länder mit. Sie mussten die Heime, in denen sie lebten, verlassen und Wohnungen in der Stadt mieten. Und wieder hatten sie Sprachprobleme.

Da sie ihre Gedanken und Gefühle nicht in der Sprache des neuen Landes zum Ausdruck bringen konnten und weil sie eine andere Religion praktizierten, wurden sie zu einer geschlossenen Gesellschaft. Sie eröffneten Geschäfte mit Namen wie „Türk Kasabi", in denen sie ihre ganzen Nahrungsmittel kauften. Sie verbrachten ihre Freizeit in den ihnen eigenen Cafés mit Kartenspielen und in den Moscheen mit Beten und Unterhaltungen. Man hat übersehen, dass das isolierte Leben die Ausländer von der einheimischen Gesellschaft, mit der sie hätten zusammenleben müssen, entfernte.

Die Bürokratie bemühte sich kaum, die Ausländer in die einheimische Gesellschaft zu intergrieren. Da die Gastarbeiter aus ihren Dörfern in die europäischen Industriestädte umziehen mussten, ohne eine große Stadt in ihrer Heimat gesehen zu haben, wurden sie später sehr konservative Menschen.

Die Unterschiede in ihrer Sprache, Religion und Kultur verursachte bei ihnen ein Kulturschock. Die steigende Zahl der Ausländer, die von ihnen gekauften Häuser und ihre verschiedenartige Lebensweise wurde von Teilen der einheimischen Bevölkerung negativ aufgenommen. Deswegen entstand in diesen europäischen Ländern Ausländerfeindlichkeit. Ausländische Familien waren Ausländerfeindlichkeit ausgesetzt, einige haben gar ihr Leben verloren. Wären frühzeitig Maßnahmen oder Anpassungsprogramme für die Gastarbeiter in Kraft getreten, hätte man diese Entwicklung vielleicht verhindern können.

Für die Kinder der Gastarbeiter war das Leben sehr anstrengend. Sie lebten zwischen zwei verschiedenen Kulturen. Die ausländischen Jugendlichen, die sich an die bequeme und farbige Welt des kapitalistischen Systems gewöhnten, hatten zu Hause mit ihren Eltern sehr viele Konflikte.

Diese Probleme führten für beide Seiten zu falschen Schlüssen. Die ausländischen Jungen, die keine Anpassungsfähigkeiten hatten, wurden wie ihre Väter ‚Arbeiter', sie litten öfter unter psychischen Problemen. Die Kinder, die die Fremdsprache nicht konnten, wurden auf Sonderschulen geschickt. Dabei verloren sie ihre Lebensfreude. Denn sie hatten kein Intelligenzproblem, sie wurden in der Schule aber immer als ‚anders' angesehen und als Menschen zweiter Klasse behandelt. Die meisten ausländischen Jugendlichen, die von ihren Lehrern nicht für einen guten Beruf motiviert wurden, arbeiteten nach ihrer obligatorischen Schulzeit im gleichen Bereich wie ihre Väter.

Als die Gastarbeiter in ihre Heimat zurückkehrten, konnten sie nicht das finden, was sie in ihrer Heimat hinterlassen hatten. Da die raschen technologischen Entwicklungen die Strukturen der türkischen Gesellschaft veränderten, verschwanden alte Werte und es entstanden neue, die die Gastarbeiter nicht kannten. Deshalb wurden sie in ihrer Heimat ‚fremd', obwohl sie die gleiche Sprache sprachen, die gleiche Religion und Kultur hatten. Dann begannen die einheimischen türkischen Leute die Gastarbeiter „Almanci" zu nennen. Sie wurden in ihrer Heimat auch nicht gut behandelt. Sie wurden als eine Geldquelle in ihrem Land angesehen. Deswegen hatten sie immer Probleme bei der Ankunft in der Türkei und beim Zurückkehren ins Ausland.

Auch hatten sie andere dramatische Probleme: Die verlorene Einheit der Familie. Der Vater ist der Herr der Familie in unserem Land. Deshalb mussten die Väter sich um die moralische und materielle Unterstützung sorgen. Aber wenn der Vater nicht da ist, muss die Mutter sich darum sorgen. Da es in den Provinzen viele konservative und nur an ihre Vorteile denkenden Personen gab, mussten die Frauen und die Kinder, die von den Gastarbeitern in ihrer Heimat zurückgelassen worden waren, vielen Schwerigkeiten standhalten.

Manche Ehen gingen deswegen zu Ende. Für jene im Ausland arbeitenden Leute sind leider auch keine Gesetze in der Türkei in Kraft getreten. Man hat keine Anpassungsprogramme für die endgültig Zurückkehrenden gemacht und niemand hat sich mit den Problemen der Rückkehrer befasst. Mehrere „Almanci" wurden wieder arm wie früher, weil sie ihr im Ausland verdientes Geld nicht gut investieren konnten und es verloren. Es gab auch die Kinder der Gastarbeiter, die man als „verlorene Jugend" bezeichnete. Sie können sich weder ihrer Gesellschaft noch der Gesellschaft, in der sie geboren, aufgewachsen sind und heute noch leben, anpassen.

Wenn manche sich anpassen konnten, wurden sie trotzdem nicht von beiden Gesellschaften akzeptiert, sondern sie wurden isoliert. Für die Identitätsprobleme der Jugend sind heute noch keine optimalen Lösungsvorschläge in beiden Ländern gefunden worden. Solange man für die Probleme dieser Jugendlichen keine Lösungen findet, werden sie von den illegalen Vereinen und von den internationalen Organisationen benutzt. Diese jungen Menschen werden in der Zukunft für beide Länder ein größeres Problem sein als heute.

Das Kapital hat keine bestimmte Sprache, Religion und Nationalität. Wichtig ist für das Kapital „Geld" und „immer mehr materieller Gewinn". Nach diesem Gesichtspunkt sind die Probleme der im Ausland arbeitenden Menschen nicht so wichtig. Das Wichtigste ist, was und wie viel die Gastarbeiter für das Kapital an Gewinn erschlossen haben. Die zuständigen Menschen in beiden Ländern sind eigentlich dafür verantwortlich, weil sie, während das Kapital die Gastarbeiter als moderne Sklaven benutzt hat, zugeschaut und keine Maßnahmen getroffen haben, damit die Gastarbeiter ihr Leben in menschlicher Art führen können.

Zehra Gökdemir
„Ich habe immer an die Zukunft meiner Kinder gedacht"

Ich komme aus Balikesir. Ich bin im Jahre 1973 durch das Arbeitsamt nach Deutschland gekommen. Meine Absicht war es, viel Geld zu verdienen. Deshalb war ich dort.

Am Anfang war es sehr schwierig in Deutschland. Ich war fremd und verstand die Sprache nicht. Deshalb war das Leben sehr schwierig für mich. Meine Freunde und Nachbarn waren aber sehr hilfsbereit und freundlich zu mir.

Mein Mann war ein Freund aus Balikesir, den ich geheiratet habe. Ich hatte mit meinen deutschen Nachbarn immer einen guten Kontakt. Sie haben mir sehr geholfen. Jetzt würde ich sie alle gerne noch einmal sehen. Auch in der Arbeit waren alle sehr freundschaftlich. Ich hatte aber kaum Verbindungen zu meinen Landsleuten. Manchmal habe ich mich deshalb einsam gefühlt.

Mein Lebensstandard war gut. Ich habe in einem Hotel gearbeitet. Meine Ausgaben habe ich bestreiten können. Meine Kinder habe ich sowohl nach deutschen als auch nach türkischen Werten erzogen. Sie haben in der Schule Deutsch gelernt und zu Hause wurde überwiegend Türkisch gesprochen. Meine Kinder haben sich mit ihren deutschen Freunden gut verstanden.

Der Kindergarten und die Schule waren schön. Mit der Schulausbildung ihrer Kinder war ich sehr zufrieden. Ich finde es wichtig, die Sprache zu beherrschen. Durch das Sprechen habe ich so viel wie möglich gelernt. Vor allem anfangs tat ich mich sehr schwer.

Ich bin wegen meiner Kinder zurückgegangen. Aber für mich war es ziemlich schwierig. Ich wollte immer das Beste für meine Kinder. Sie waren traurig, aber was sollten wir tun. Ich habe immer an die Zukunft meiner Kinder gedacht. Es fiel uns sehr schwer, uns zu verabschieden.

Besonders schön sind in Deutschland die Krankenhäuser. Ich vermisse Deutschland. Vor allem meine Nachbarn würde ich gerne wiedersehen. Es gibt so viele Namen, an die ich mich nicht mehr erinnern kann. Frau Vogel, Eckner, Perstein ...

Ich habe ein Haus, ein geregeltes Leben. Meinen Kindern geht es gut. Deshalb bin ich momentan ziemlich zufrieden. Gott sei Dank ist alles in bester Ordnung. Nicht zurückgekehrt zu sein, daran habe ich nie gedacht. Im Moment ist alles in Ordnung. Mir geht es hier ziemlich gut.

Für meine Kinder wünsche ich das Beste. Ich hoffe, dass sie einen guten Beruf erlernen und reichlich Geld verdienen. Ich möchte, dass meine Kinder Lehrer werden. Besonders meinem jüngsten Sohn wünsche ich viel Erfolg. Nach der politischen Beziehung zwischen der Türkei und Deutschland gefragt, wünsche ich die Fortsetzung der guten Beziehung. Sie sollen nie streiten. Das Lernen von Deutsch und Englisch ist für die neue Generation wichtig.

Ayhan Gökdemir
„Ich habe keinen Fremdenhass erlebt"

Gerade habe ich in Edirne mein Studium als Deutschlehrer beendet. Die Rückkehr in die Türkei bedeutete für mich damals das ‚Ende meines Lebens'. Aber andererseits auch ‚Nichts'. Ich kann sagen, ich wusste nicht genau, was mich erwartete. Insofern ist meine Erinnerung völlig anders als die meiner Mutter Zehra.

Ich bin in Deutschland geboren und habe dort bis zum 11. Lebensjahr gelebt, im Bayerischen Wald. Ich hatte nur deutsche Freunde, mit denen ich mich gut verständigen konnte. Ich habe nichts Negatives erlebt in Deutschland, keinen Fremdenhass. Das kann aber daher kommen, dass es da, wo wir lebten, nicht so viele Ausländer gab, vor allem keine Türken. Noch ein Grund kann sein, dass ich mich vom Aussehen her nicht von den Deutschen unterscheide. Deshalb war Deutschland für mich wie meine Heimat. Doch andererseits hat mich meine Familie so erzogen, dass ich mit meiner eigenen Kultur und eigenen Sprache aufgewachsen bin. Also war ich im Bewusstsein zweisprachig. Das heißt: Es war mir schon damals klar, dass ich eines Tages in die Türkei zurückkehren würde. Das war für mich ein Vorteil, mit beiden Kulturen und zweisprachig aufzuwachsen, denn ich hatte keine Schwierigkeiten mit der Anpassung in der Türkei.

Süheyla Gül
„Der Traum von der Karriere als Sängerin, das Kleinkind nicht aufwachsen sehen, verdiente Ruhe"

Am 2. Februar 1953 wurde ich im türkischen Canakkale-Umurbey geboren. Bevor ich am 29. Juni 1973 nach Deutschland ging, habe ich bei meinem Vater in der Gärtnerei gearbeitet. In meiner Jugend hatte ich eine sehr schöne Stimme. Meine Bekannten wollten mich immer zu Gesangsunterricht überreden. Doch mein Vater war dagegen. Er war nicht begeistert von der Idee, dass ich irgendwann einmal als Sängerin arbeiten würde. Später kamen unsere Bekannten aus Deutschland zu Besuch und berichteten von dem Leben dort. Sie fragten mich, ob ich nicht in das Land der Dichter und Denker kommen wolle.

Ich stellte meinen Vater vor die Wahl: Entweder Gesangsunterricht oder das Leben in Deutschland. Er entschied sich für Deutschland, und wir stellten einen Antrag bei den Behörden. Als ich nach Deutschland ging, war ich nicht verheiratet. Ich konnte mich nicht verständigen und hatte daher den Menschen gegenüber kein Vertrauen. Die Anfangszeit war für mich sehr hart. Es gab eine Zeit, in der ich fast drei Tage hintereinander nichts zum Essen hatte.

Ich wohnte in einem Zimmer mit vier Personen. Wir alle arbeiteten in dem gleichen Betrieb. In der kurzen Zeit waren wir wie eine Familie, unternahmen viel zusammen und teilten alles. Was die Sprache anbelangt, hatten wir einen Dolmetscher, der uns in allem behilflich war. Das heißt: Bei der Arbeit, beim Einkaufen sowie beim Ausländeramt und so weiter ...

In den elf Jahren lernte ich so viel, dass ich mich verständigen konnte. Während des Urlaubs in der Türkei sprach keiner Deutsch. Immer wenn ich aus dem Urlaub zurückkam, brauchte ich eine gewisse Zeit, um wieder Deutsch sprechen zu können. Aber seitdem ich wieder in der Türkei lebe, habe ich die deutsche Sprache fast vergessen.

Eines Tages riefen meine Eltern an und berichteten, dass sie einen jungen Mann aus dem Nachbardorf kennengelernt hatten. Sie erzählten mir von seiner Absicht, mich zu heiraten. Ich sagte, dass ich ihn lieber vorher kennenlernen wollen würde. Im Urlaub trafen wir uns und verbrachten einige Tage miteinander. Im Mai 1984 heirateten wir zuerst standesamtlich, danach hatten wir eine große Hochzeitsfeier.

Wegen meiner Arbeit musste ich kurz darauf nach Deutschland zurück. Nach drei Monaten konnte mein Mann nachkommen, jedoch musste er fünf Jahre warten, bis er eine Arbeitserlaubnis bekam. In dieser Zeit arbeitete er illegal in verschiedenen Firmen. Später bekam er eine Arbeit, bei der er auch versichert wurde.

Wir hatten zwar deutsche Nachbarn, einen guten Kontakt zu ihnen hatten wir jedoch nicht. Sie arbeiteten sehr viel. Dadurch konnten wir uns nur an bestimmten Tagen treffen. In Deutschland arbeiteten die Menschen sehr viel. Der einzige Luxus war das freie Wochenende und die Urlaubszeit. An den Wochenenden trafen wir uns zum Einkaufen, zum Essen oder zum Feiern.

Mein einziges Kind kam 1986 auf die Welt. Als ich meinen Sohn gebar, bekam ich drei Monate Erziehungsurlaub. In dieser Zeit war mein Mann arbeitslos, und so konnte er auf das Kind aufpassen. Als er 6 ½ Monate war, brachten wir ihn in die Türkei zu meiner Mutter, und als er vier Jahre wurde, holten wir ihn wieder zu uns zurück. Jeden Morgen brachte ich ihn zum Kindergarten und ging danach zur Arbeit. Ich beschloss, am 29. Juli 1997 in die Türkei zurückzugehen. Mein Mann musste noch vier Jahre arbeiten, um seine Rente zu erhalten. Ich bin nach 23 ½ Jahren mit meinem Sohn in die Türkei zurückgegangen. In den Sommerferien kommen wir immer nach Deutschland. Jetzt bin ich in der Türkei eine Hausfrau. Nach so einer harten Zeit in Deutschland habe ich ein angenehmes und ruhiges Leben verdient.

Halil Türkan
„Ein unbeschreibliches Gefühl der Zerrissenheit schon nach den wenigen Jahren"

Ich arbeitete als Türkischlehrer in Deutschland. Meine Frau und ich sind nun beide im türkischen Schuldienst. Zum ersten Mal bin ich 1991 durch das Austauschprogramm, das von unserer Partnerschule Realschule II Kronach organisiert worden war, nach Deutschland gegangen. Ich bin zwei Wochen dort geblieben, konnte Deutsch weder sprechen noch schreiben. Im Jahr 1992 nahm ich an der Prüfung teil, die vom türkischen Bildungsministerium aus organisiert worden war. Sie war für Lehrer gedacht, die türkische Kinder in Deutschland unterrichten sollten.

Zuerst musste ich die schriftliche Prüfung (ÖSYM) machen, dann die mündliche. Beide bestand ich mit Erfolg. Vom 7. Februar bis zum 4. Juni 1994 besuchte ich den ersten deutschen Kurs mit der Nummer 448 in Ankara, der vom Bildungsministerium für im Ausland arbeitende Lehrer organisiert worden war. Ich war sehr ehrgeizig, auch diesen Kurs absolvierte ich mit Erfolg.

Kurz danach bin ich nach Deutschland gegangen, um dort zu unterrichten. Als ich in Deutschland ankam, kam ich mir vor, als hätte ich mein Hör- und Sprachverständnis verloren. Mein deutscher Wortschatz reichte nur für eine einfache Alltagskommunikation aus. Mir fehlte das Selbstbewusstsein und die Praxis für das Sprechen. Ich kam mir wie ein Mensch vor, der taub und stumm ist. Am zweiten Tag musste ich mich von der Gruppe trennen und mit dem Zug von München nach Bayreuth fahren. Man hatte mich praktisch ins kalte Wasser geworfen. Während dieser Fahrt lernte ich deutsche Reisende kennen, die mir das Leben vereinfacht haben. Sie waren sehr hilfreich, entgegenkommend und höflich.

Auf einmal bekam ich Mut, konnte aus mir herausgehen und mich mit ihnen unterhalten. Ich befreite mich von meinen Hemmungen und überwand meine Sprachbarriere. Im Laufe der Jahre lernte ich, mich problemlos und ohne Hilfe eines Dolmetschers zu verständigen, sei es bei der Arbeit, den Behörden, beim Arzt oder Einkaufen.

In dieser Zeit belegte ich einen Deutschkurs, der diesmal vom deutschen Bildungsministerium organisiert worden war. Diesen Kurs absolvierte ich auch mit großem Erfolg. Meine Frau lernte ich in dem Dorf Yolüste bei Edirne kennen.

Mit unseren Nachbarn hatten wir eine gute Beziehung. Wir teilten den Garten, hatten Hühner und Enten auf dem Hof, ernteten Gemüse und unternahmen auch so sehr viel zusammen. Meine Frau ging 1998 in die Türkei zurück. Ich blieb zwar alleine, aber meine Nachbarin unterstützte mich in allem. Das heißt, sie half mir im Haushalt, wusch manchmal meine Wäsche oder bügelte sie. Ich glaube, die Haltung zeigt schon, wie gut unsere nachbarschaftlichen Beziehungen waren. Meine Freundschaftsbeziehungen waren genauso.

Die Basis für ein modernes Leben und einen guten Lebensstandard ist in Deutschland vorhanden. Ich versuchte für meinen Sohn ein Umfeld zu schaffen, in dem er das westliche Leben kennenlernen konnte. Er besuchte bis zur vierten Klasse die Schule in Deutschland.

Die deutsche Sprache zu lernen und gut zu beherrschen hat in meinem Leben eine wichtige Bedeutung. Denn ich konnte endlich aus mir herausgehen, mich frei bewegen und lernen, selbstbewusst zu sein. Die Rückkehr in die Türkei hat mich nicht so getroffen, denn ich hatte mich schon physisch darauf vorbereitet. Nur die Höhe meines Gehaltes hat sich geändert, denn ich verdiente jetzt sehr viel weniger als in Deutschland. Ich lebe zwar jetzt in der Türkei, aber Deutschland kann ich nicht vergessen und vermisse es sehr.

Das ist ein unbeschreibliches Gefühl. Ich komme mir vor, als würde ich zwischen zwei Kulturen leben und für eine müsste ich mich entscheiden. Dieses Gefühl der Zerisenheit ist für mich sehr hart, aber es ist das, was ich fühle. In Wirklichkeit ist Deutschland auch nicht das Paradies, es hat auch seine eigenen Probleme, wie jedes Land. Dennoch wünsche ich mir manchmal, dass ich nie nach Deutschland gegangen oder in die Türkei zurückgekommen wäre.

Dieser Wunsch wird von Tag zu Tag immer intensiver. Vor allem als meine Kollegen mich von ihrer Gruppe ausschließen wollten und über mich Witze machten wie „Almanci Ögretmen" (Deutscher Lehrer). Ich machte auch die

Erfahrung, dass die Türken in der Türkei einen ausnutzen wollen, nur weil man in Deutschland angeblich sehr viel Geld verdient hat.

Für meinem Sohn Emre wünsche ich nur das Beste. Das heißt, er soll in einer Gesellschaft leben, in der die Menschenwürde respektiert wird. Mein nächster Wunsch ist, dass die Türkei und Deutschland eine gute politische, wirtschaftliche und kulturelle Beziehung zueinander haben sollen. Beide Regierungen sollten die Türken in Deutschland in allen Bereichen unterstützen, denn so kann das gute Verhältnis zwischen den beiden Völkern nur verstärkt werden.

Meiner Meinung nach sollten die türkischen Schüler Fremdsprachen lernen, die in der Weltwirtschaft wichtig sind. Natürlich unter der Voraussetzung, dass sie ihre eigene Muttersprache gut beherrschen. Ich bin froh darüber, die deutsche Sprache gelernt zu haben und wünsche ihnen dasselbe.

Halil Türkan in Kronach. *Am Anfang kam meist nur ein Ehepartner nach Deutschland. Die Einsamkeit wurde durch Freundschaften und Treffpunkte wie Teehäuser erleichtert. Obwohl schon lange zurück in der Türkei, trägt man die Konflikte des Dazwischenseins der beiden Kulturen ein Leben lang mit sich.*

Der Lehrer **Halil Türkan** wird in der Kronacher Lokalzeitung erwähnt.

Familie Türkan nannte ihr kleines Auto scherzhaft „unser Mercedes".
Die Automarke steht für Reichtum und Konsum, war aber auch in der Türkei Symbol der Gastarbeiter.

Gönül Iscan
„Die Deutschen haben ein falsches Bild von den Türken"

Ich bin durch die Arbeitsvermittlung am 13. September 1973 nach Deutschland, Flensburg, gekommen. Da war ich 21 Jahre. Davor hatte ich das Gymnasium beendet und bei einer Bank (Vakiflar Bankasi) in Aydin gearbeitet. Durch Zufall lernte ich einen deutschen Touristen kennen, der mir den Rat gab, nach Deutschland zu gehen. Ich hätte die Möglichkeit, so sagte er mir, dort zu studieren und nebenbei zu arbeiten. Ich ging gleich am nächsten Tag zu den Behörden und stellte einen Antrag. Genau nach drei Tagen bekam ich eine Antwort. Kurz darauf konnte ich nach Deutschland.

Der Anfang war für mich sehr schwer. Die Trennung von meinen Eltern und das Nichtbeherrschen der deutschen Sprache machten mir das Leben nicht so einfach. Ich konnte leider nicht gleich in der ersten Zeit Deutsch lernen, aber zu diesem Zeitpunkt setzte ich meine Englischkenntnisse ein.

Als wir zum ersten Mal zu Aldi gingen, um dort Streichhölzer, Salz, Zucker und Brot zu kaufen, fingen unsere Verständigungsprobleme an. Einer der Verkäufer bemerkte, dass wir Ausländer waren und etwas suchten. Er kam zu uns und fing an, auf Deutsch etwas zu sagen. Als er merkte, dass wir ihn nicht verstanden, wollte er gehen. Dann fiel mir ein, dass ich vielleicht mit ihm auf Englisch kommunizieren könnte. Ich fragte ihn, ob er Englisch könne. Er war sehr überrascht, dass ich Englisch sprechen konnte und wollte wissen, woher ich komme. Ich erzählte ihm von meiner Herkunft und berichtete über den Grund für meinen Aufenthalt in Deutschland. Er bot mir seine Hilfe an. Er schenkte mir ein Bildwörterbuch.

Meinen Mann habe ich durch Freunde kennengelernt. In unserer Gesellschaft wird es nicht gern angesehen, wenn eine Frau alleine lebt. In der Fabrik, in der ich arbeitete, waren wir alle junge Leute, dennoch konnten wir uns nicht so frei bewegen. Eines Tages fragte eine Freundin, wie ich denn über die Ehe denke. Ich antwortete, dass ich dann heiraten würde, wenn ich bei dem Mann ein gutes Gefühl hätte.

Daraufhin sagte sie, sie würde mich mit einem Freund ihres Schwagers bekanntmachen wollen. Ich war damit einverstanden. Als ich ihn kennenlernte, war ich sehr beeindruckt. Er lebte seit elf Jahren in Deutschland und war sehr gebildet, aufgeschlossen und ehrlich. Von Anfang an war er sehr ehrlich zu mir. Er erzählte mir, seine Absicht sei nicht, mit mir zu flirten, sondern gleich zu heiraten. Dieser Gedanke gefiel mir. Im Urlaub lernte ich seine Eltern und er meine Eltern kennen. Als alle mit der Heirat einverstanden waren, feierten wir eine traditionelle türkische Hochzeit. Eine Woche später kamen wir nach Deutschland zurück.

In unserer gemeinsamen Wohnung hatten wir als Nachbarn nur eine türkische Familie. Die restlichen Bewohner des Hauses waren Deutsche: Helga, die Frauen Luckkow und Mayer. Von Anfang an hatten wir eine gute Beziehung zueinander. Sie waren sehr entgegenkommend. Fast jeden Tag frühstückten wir zusammen. So lernte ich jeden Tag immer mehr deutsche Wörter. Da mein Mann Deutsch ohne Akzent sprach, wollten meine Nachbarn, dass ich genauso spreche. Sie boten mir an, dass ich sie alles fragen könne, was mich interessieren würde, und gaben mir den Rat, deutsches Fernsehen zu sehen.

Obwohl es zwischen mir und meinen Nachbarn einen großen Altersunterschied gab, hatten wir eine gute Beziehung. In kurzer Zeit wurden wir Freunde. Wir unternahmen sehr viel. Ab und sind wir zum Essen oder zum Kegeln gegangen. Ich hatte nie das Gefühl, dass ich diskriminiert werde.

Im Gegensatz zu den anderen türkischen Familien in Deutschland hatten wir einen guten Lebensstandard. Unsere Wohnung war sehr modern ausgestattet und unsere Kinder nahmen in der Schule an allen kulturellen und sozialen Aktivitäten teil. Mein Mann und ich hatten beide ein eigenes Auto. In unserer Freizeit gingen wir mit unseren Kindern zum Schwimmen oder machten mit unseren Freunden Ausflüge.

Bei der Erziehung unserer Kinder achteten wir darauf, dass sie von beiden Ländern kulturelle Werte vermittelt bekamen. Warum wir uns für diesen Weg entschieden haben? Weil die Deutschen hier ein falsches Bild von den Türken haben. Viele glauben, die Türken seien ungebildet, die türkischen Frauen müssten zu Hause bleiben, der Mann dürfe sich alles erlauben. Mein Mann und ich wollten zeigen, dass es nicht bei jeder türkischen Familie so ist. Dass es unterschiedliche Lebensarten gibt und diese davon abhängen, aus welcher Gegend man kommt. Für uns war es auch wichtig, dass unsere Kinder die

Muttersprache genauso sprechen wie die deutsche Sprache. So sollten sie auch die türkische Kultur kennenlernen. Unsere Kinder hatten weder im Kindergarten noch in der Grundschule Sprach- oder Anpassungsschwierigkeiten.

Sie wurden in Duisburg geboren und hatten immer Kontakt mit den Deutschen. Es ist ein Muss, dass man die Sprache des Landes beherrscht. Man wird täglich damit konfrontiert, sei es auf der Arbeit, beim Einkaufen oder in der Schule. Der Grund für unsere Rückkehr war die Arbeit meines Mannes. Er arbeitete auf Montage, und wir konnten uns nur an den Wochenenden sehen. Wir hatten kaum noch Zeit für uns.

Mit dem gesparten Geld wollten wir in der Türkei für uns und für unsere Kinder eine Existenz aufbauen. Zwar waren meine Kinder nicht so begeistert von dieser Entscheidung, aber sie wollten uns auch nicht verletzen. Die ersten Schwierigkeiten in der Türkei hatten wir mit den Behörden. In der Türkei musst man fast überall Beziehungen haben, sonst wartet man tagelang, vielleicht auch monatelang auf die Bearbeitung eines Antrags. Wir mussten lange warten, bis unsere Kinder im Gymnasium Anadolu Lisesi in Edirne aufgenommen wurden.

In Deutschland hatten alle die gleichen Rechte. Unsere Erinnerungen an Deutschland haben wir nicht verloren. Den Kontakt zu unseren Freunden in Deutschland haben wir aufrecht erhalten. Wir telefonieren immer noch miteinander, oder wir schreiben uns ab und zu. Unsere Freunde und die schönen Tage in Deutschland werden wir nicht vergessen.

Jetzt fühle ich mich wohl, denn ich bin in meiner Heimat. Manchmal mache ich mir Gedanken darüber, was wäre, wenn ich nicht nach Deutschland gegangen oder aus Deutschland nicht zurückgekommen wäre. Ich habe dort ein sicheres Leben gehabt, insbesondere in Bezug auf die gesetzlichen Rechte und die Gesundheit. Dies wurde mir bewusst, als mein Mann während einer Schlagaderoperation ums Leben kam, weil der Arzt den operativen Eingriff nicht richtig ausführen konnte. Wenn mein Mann in Deutschland operiert worden wäre, dann wäre er noch am Leben. Denn in Deutschland wird der Mensch mehr wertgeschätzt.

Was meine Kinder angeht, so hatten diese viele Schwierigkeiten. Die Lebensumstände sind hier im Vergleich zu Deutschland nicht günstiger. Meine

Töchter können sich nicht frei bewegen. Ich muss sie fast überall hin begleiten. Sie können auch nicht an allen sozialen oder kulturellen Aktivitäten teilnehmen. Es ist auch nicht gern gesehen, wenn sie mit einem jungen Mann ausgehen, auch wenn sie nur Freunde sind. Nach dem Tod meines Mannes mache ich mir oft Gedanken darüber, wie schwer das Leben ohne eine soziale Sicherung ist.

Ich hoffe für die in Deutschland lebenden Türken, dass Deutschland und die Türkei sie unterstützen, sei es bei der Schulbildung, Arbeit oder Gesundheit. Die türkischen Familien sollten sich bemühen, dass ihre Kinder die türkische Kultur nicht vergessen und weiterhin pflegen. Aber sie sollten sich dabei schon in die deutsche Kultur integrieren.

Außerdem sollten die türkischen Kinder in ihrem Berufsleben oder ihrer Schulbildung Fremdsprachen lernen, damit sie die ihnen bevorstehenden Probleme lösen können. Nachdem ich in die Türkei zurückgekommen war, wollte weder ein Verein noch eine Gemeinde meine Erfahrungen mit mir teilen.

Sadi Karaoğlu
„Ich habe die Sprache im Alltag gelernt ..."

Im Jahre 1965 bin ich nach Deutschland gekommen. Ich fing an, bei der Firma Ford zu arbeiten, und lebte dann in Dortmund. Die Arbeit war sehr hart. Ich war als Kranführer beschäftigt. Ich habe fünf Jahre in Deutschland gelebt, und danach bin ich in die Türkei zurückgegangen. Aber nach anderthalb Jahren kehrten wir wieder nach Deutschland zurück. Uns ist klar geworden, dass es für uns in der Türkei nichts zu tun gab.

Ich habe mich in Tophane beim Arbeitsamt angemeldet. Nach zweieinhalb Jahren bekam ich auf meinen Antrag eine Antwort vom deutschen Arbeitsamt. Die Formalitäten waren erledigt. Ich bin wegen der Arbeit nach Deutschland gezogen.

Ich habe in einem Heim gewohnt und habe mich nicht fremd gefühlt. Ich habe zuvor in Istanbul gelebt, wo auch viele aus verschiedenen Gegenden kamen. Deshalb war dies für mich nicht ungewöhnlich. Ich hatte keine Deutschkenntnisse, und ich habe Deutsch, außer dem Nötigsten, auch nie erlernt. Im Alltag und in der Arbeit kam ich damit zurecht. Es wurden Kurse angeboten, aber wegen der Arbeit blieb nicht viel Zeit zum Lernen. Ich habe die Sprache im Alltag gelernt.

Meine Ehefrau lernte ich in Deutschland über einen Landsmann aus Kirklareli kennen. Sie hat mein Foto gesehen. So haben wir uns kennengelernt. Mein Vermieter hieß Peter. Er mochte uns sehr. Dann gab es noch eine Frau Schneider. Jedes Mal wenn Altan, unser Sohn, nach der Remigration wieder nach Deutschland fuhr, trug ich ihm auf, sie zu besuchen. Nachdem wir zurückgekehrt waren, hatten wir noch lange Kontakt. Später hörten wir nichts mehr voneinander. Vielleicht sind sie schon gestorben. Deutsche Nachbarn haben wir erst kennengelernt, als wir in eine andere Wohngegend gezogen sind. Vorher hatten wir keine deutsche Nachbarschaft. Es war ein türkisches Wohnviertel.

In Deutschland sind wir immer gemeinsam in die Kneipe gegangen, wo wir sehr viel Spaß miteinander hatten. Ich werde nie vergessen, wie, als wir wieder einmal in der Kneipe waren, ein Deutscher auf mich zeigte und sagte

„Schau, ein Türke". Danach hat er mir erzählt, er sei Pilot und sei schon über Istanbul geflogen. Damals hatten sie uns gern.

Kaum haben die Türken angefangen, Banden zu bilden, ging es mit den Streitereien los. Es hieß dann, die Türken seien streitsüchtig. Wegen einiger kamen alle Türken in Verruf. Es wurde generalisiert. Weil einige auch Messer bei sich trugen, wurden wir als Messerstecher bezeichnet. Wir waren mit Vorurteilen konfrontiert.

Die Frauen aus Anatolien zogen sich bunt und eigenartig an, so laufen sie nicht einmal in der Türkei herum. Sie konnten ihre Anliegen oder ihre Wünsche beim Einkaufen nicht äußern. Durch ‚Hinzeigen' kauften sie ein.

Ich verdiente unseren Familienunterhalt alleine. Es wurde schwieriger, unsere Ausgaben zu bestreiten. Aber ich liebte es, mich schön anzuziehen und gut zu essen. Daran hat es in unserem Leben noch nie gefehlt. Ich tat mein Bestes dafür, dass meine Kinder eine gute Schulbildung erhielten. Ich wollte nicht, dass sie dieselben Schwierigkeiten haben wie ich.

Es gibt auch noch unsere Tradition. Jedes Jahr, wenn wir Urlaub hatten, bekamen sowohl die Familie meiner Frau als auch meine – vom Kleinsten bis zum Erwachsenen – Geschenke. Allein dafür gaben wir 500 DM aus. Wir fuhren mit dem Auto in die Türkei. Da gab es Ausgaben für Reparaturkosten, Benzingeld und so weiter. Was wir gespart hatten, war schnell weg. Als wir zurückkehrten, fingen wir wieder zu sparen an, bis wieder die Urlaubszeit kam. So ging das immerzu fort.

Ich habe meine Kinder nach türkischen kulturellen Werten erzogen. Ich bemühte mich auch, dass die Kinder sich an das Umfeld anpassten. Zum Beispiel ließ ich sie immer auf Klassenausflüge mit. Sie haben sich bemüht und sind später auf das Gymnasium gegangen. Ich konnte nur einige Jahre die Schule besuchen. Danach habe ich mit Comics mein Lesen verbessert. Nach einiger Zeit habe ich angefangen, Romane zu lesen. Für meine Kinder kaufte ich eine Schreibtafel. Ich dachte mir sogar, dass ich zusammen mit meinen Kindern lernen könnte, um mein Deutsch zu verbessern. Wir haben unsere Kinder nicht in den Kindergarten geschickt.

Hätten wir bloß die Sprache gelernt. Wir hätten viele Fehler nicht gemacht. Die Fehler entstanden meistens, weil wir die Sprache nicht konnten.

Aber im Alltagsleben sind wir schon klar gekommen. Ich dachte irgendwann, es reicht jetzt, wir sollten wieder in der Türkei leben. Aber der Grund war eigentlich meine Tochter. Sie ging vor uns zurück, da war sie 16. Wir haben es nicht lange ohne sie ausgehalten. Wir wollten bei ihr sein. Als ich in die Türkei zurückkehrte, hätte ich vierzigtausend Mark erhalten müssen. Ich erhielt aber nur fünfzehntausend Mark. Das restliche Geld haben sie mir nicht ausbezahlt. Deshalb bin ich sauer. Die Deutschen sind sehr egoistisch. Auch gegenüber ihren Landsleuten. Natürlich gibt es auch gute Seiten. In Deutschland wird einem Menschen mehr Achtung entgegengebracht, zum Beispiel wenn sie 80 sind, erhalten sie einen Blumenstrauß vom Bürgermeister.

Ich fühle mich hier recht gut. Ich habe nie bereut, dass ich in die Türkei zurück bin. Nur: Die Kinder arbeiten an verschiedenen Orten. Ich habe gedacht, dass wir alle zusammen sein werden. Ein anderer Fehler, den wir begingen, war, dass wir unsere Reisepässe als ungültig erklären ließen und uns somit selbst die Aufenthaltserlaubnis entzogen haben. Eine andere Weise hier Rentner zu werden, gibt es nicht. Die fehlenden Jahre habe ich mit 8.000 Mark ausgeglichen, und so wurde ich Rentner.

Frau Karaoglu: Ich würde heute nicht mehr in die Türkei zurückkehren. Wären wir bloß in Deutschland geblieben. Allein die Krankenhäuser, die Blumen, die Sauberkeit reichen. Die Kinder haben was erreicht und arbeiten jetzt. Wir wohnen von ihnen aber weit entfernt. Ich bin mir nicht sicher, ob sie auch in Deutschland studieren könnten. Letztlich sind wir aus Deutschland weggelaufen, aber heute haben wir deutsche Schwiegertöchter. Heutzutage arbeiten Türken auch an den Universitäten: Sie sind Physiker, Ingenieure. Dagegen gibt es auch türkische Jugendliche, die mit Banden, Drogen und vielem mehr zu tun haben.

Die deutsch-türkischen Beziehungen sind gut. Es hat sich nichts geändert. Aber die türkische Regierung ist für unsere Ansprüche nicht eingetreten. An dem Wissen und an der Erfahrung, die wir in Deutschland gemacht haben, war die Türkei nicht interessiert. Als wir die Neuheiten, die wir in Deutschland kennengelernt hatten, hier in der Türkei anwenden wollten, lachten sie uns aus. Erst jetzt werden sie angewendet.

Wenn es ums Geld geht, um die Deutsche Mark, dann sind sogar die Leiter der Banken zu uns persönlich gekommen. Sie wussten nicht, wie sie sich verhalten sollen. Die heutigen Jugendlichen und Studenten sollten sich auch nach Asien hin orientieren. Neben Deutsch und Englisch sollten sie auch noch Japanisch und Russisch lernen.

In den Urlaubsorten kann fast jeder Deutsch und Englisch. Aber Japanisch versteht keiner in der Gegend. Russisch versteht auch keiner. Meiner Meinung nach nehmen die Beziehungen zu diesen Ländern zu. Auch diese Sprachen sollten gelernt werden.

Halil Mehmet Kaya
„Wegen der schlecht gemauerten Wand lernte ich über Nacht Deutsch"

Ich bin über die Arbeitsvermittlung nach Deutschland gekommen, um als Maurer zu arbeiten. Da war ich Anfang 30. Am Anfang, wie das so ist, konnten wir kein Deutsch, dadurch entstanden unsere ersten Verständigungsprobleme. Wir wussten nicht, was ‚Wand', was ‚Hammer' auf Deutsch heißt, oder wie wir unseren Vorarbeiter ansprechen sollten. An einem Freitag kamen wir in Deutschland an und am nächsten Tag brachte man uns dorthin, wo wir arbeiten mussten.

Wir fingen zwar an zu arbeiten, aber mit der Verständigung klappte es nicht so. Der Vorarbeiter zeigte uns mit einem Stift, wie lang die Wand sein sollte. Aber wie die Wand gebaut werden sollte, mit welchem Fenster- oder Türenanteil, das haben wir nicht verstanden. Keiner von uns konnte nachfragen, also fingen wir an, die Wand zu bauen. Als sie fertig war, durften wir eine Pause machen. Kurz danach kam der Vorarbeiter, um zu kontrollieren. Er sah die Wand, trat sie mit dem Fuß und schrie ‚Scheiße'. Irgendwo hatte ich gehört, dass das Wort ‚Scheiße' ein schlechtes Wort war. Ich dachte in diesem Moment nur noch ‚Es ist alles vorbei'.

Die Wand wurde abgerissen, danach hatten wir Feierabend. Ich ging heim, holte das deutsch-türkische Wörterbuch heraus und fing an, die Wörter zu lernen. So wie man den Koran auswendig lernt, paukte ich die Wörter, die ich in der Arbeit brauchte.

Am Morgen gingen wir in die Arbeit und hatten gerade angefangen, da kam der Vorarbeiter. Er sagte ‚Guten Morgen'. Ich sagte auch „Guten Morgen" und fragte ihn auf Deutsch, was unsere Arbeit denn wäre. Er kam zu mir und fragte mich, wie ich denn so schnell Deutsch gelernt hätte.

Ich antwortete ihm: ‚Sie haben unsere Wand abgerissen, und ich konnte deswegen bis frühmorgens nicht schlafen. Sagen Sie mir bitte jetzt, wie wir die Wand bauen sollen.' Er umarmte mich, klopfte mir auf die Schulter und sagte: ‚Kaya, du bist ein sehr guter Mann, wie hast du bloß so schnell Deutsch lernen können.' Später wurden wir sehr gut in unserer Arbeit. Nur an diesem

Tag hatten wir ein großes Verständigungsproblem. Mit der Zeit lernten wir auch die Wörter, die wir für das alltägliche Leben brauchten, zum Beispiel ‚Brot‘ oder ‚Wasser‘.

Die Firma, die in Osnabrück war, machte zu. Ich ging nach Hagen in Westfalen und fing dort bei der Bundesbahn zu arbeiten an. Dort arbeitete ich 30 Jahre lang, und dann ging ich in Rente. Mit dem Geld, das ich von der Bundesbahn bekommen hatte, gingen wir in die Türkei zurück.

Während meiner Arbeit für die Bundesbahn mussten wir mit dem Auto jeden Tag in der Stadt Pakete austeilen. Während dieser Zeit hatte ich weder mit meinem Arbeitgeber noch mit meinen Arbeitskollegen Probleme oder Auseinandersetzungen. Jeder Arbeitnehmer wurde gleich behandelt, ob Deutscher oder Ausländer.

Eines Tages, als ich auf dem Bahnhof arbeitete, kam ein Ingenieur vorbei. Er gab mir den Auftrag, eine Ladung in den Waggon zu tragen. Jedoch alleine schaffte ich das nicht, da kam der Ingenieur und half mir. So was würden meine Landsleute in einer höheren Position nicht machen, denn sie sind in dieser Hinsicht sehr arrogant.

In Deutschland arbeitet jeder, ob Ingenieur, Arbeitgeber oder Arbeitnehmer. Solange man pflichtbewusst arbeitet, kritisiert niemand einen. Die Leute hier sind ehrlich, arbeiten hart und haben sehr viel Erfolg. Wir haben uns sehr wohl gefühlt und sind mit Freude zur Arbeit gegangen.

Über 30 Jahre habe ich bei der Bundesbahn gearbeitet. In Deutschland war alles sehr schön; die Freundschaften, die Nachbarschaft. Wir haben gearbeitet, gut verdient und sehr viel unternommen. Ich bin gern nach Deutschland gegangen. Nachdem ich in Rente gegangen bin, ging ich mit meiner Frau in die Türkei zurück. Jetzt leben wir in der Türkei, alle sechs Monate besuchen wir unsere Kinder und Enkel in Deutschland. Ja, ich muss zugeben, ich vermisse die Zeit, die ich in Deutschland verbracht habe.

Handan Köksal
„Negerkussbrötchen, das grüne Portemonnaie ...
Die Erinnerung berühren"

„Ich bin in Deutschland geboren." Dieser kleine aber für mich sehr bedeu-
tende Satz hat mein Leben enorm beeinflusst. Ja, ich bin in Deutschland geboren, bin dort zur Grundschule gegangen und habe die 7. Klasse einer Realschule beendet. Aber danach? Danach fand 1985 eine Rückkehr in meine
‚eigentliche' Heimat statt, die aber für mich eine fremde Heimat war. Dieser
ewige Zwiespalt ist zwar jedem Rückkehrer gut bekannt, doch erlebt jeder
das Dilemma vom Hin- und Hergerissensein sehr persönlich. Wenn diese persönlichen Erlebnisse Schwarz auf Weiß stehen, brechen die Gefühle hervor.
Man kann diese besonderen Erinnerungen so eine Ewigkeit festhalten, sie
sogar berühren.

Meine damalige Familie bestand aus mir, meinem größeren Bruder, meiner
kleinen Schwester, meiner Mutter und meinem Vater. Er kam in den Sech-
zigern als Gastarbeiter in eine große Stadt und bekam dort bei einer großen
Autofirma Arbeit. Meine Mutter heiratete meinen Vater in der Türkei, ohne
ihn näher zu kennen, weil ihre Familien sich gut genug kannten. Mein Vater
arbeitete als verheirateter Mann zuerst einige Zeit allein in Deutschland, wobei seine Frau in der Türkei auf ihn wartete. Erst als meine Mutter nach neun
Monaten eine Erlaubnis bekam, stieg sie in einen Zug, der sie zu ihrem Mann
brachte.

Tatsächlich begegneten sich die beiden an einem deutschen Hauptbahn-
hof, wo ihr neues Leben begann. Zuerst konnten meine Eltern kein Deutsch
sprechen. Sie lernten, dank der Wörterbücher, ihr alltägliches Leben in der
deutschen Sprache zu bestreiten. Beide verkrafteten den Umzug vom Dorfle-
ben in der Türkei in ein Stadtleben in Deutschland eigentlich recht gut. Aber
das erste große Problem entstand mit der Geburt ihres Sohnes. Da sie in
Deutschland tüchtig arbeiten mussten, ließen sie ihn als Einjährigen in der
Türkei bei ihren Verwandten zurück. Nur drei Jahre konnten meine Eltern diese Trennung verkraften, wobei meine Mutter heute noch darunter leidet und
trauert.

Dann kam ich auf die Welt. Weil die Familie jetzt größer geworden war, zogen wir in ein größeres, schöneres und komfortableres Haus ein, dass sich in einer Siedlung am Stadrand befand. In dieser Siedlung lebten neben Deutschen viele Ausländer, die aus Griechenland, Ex-Jugoslawien, Italien und aus der Türkei kamen. Die Nachbarschaftsverhältnisse waren immer äußerst gut, man verletzte einander nicht. Wir waren eine große Familie, in der sich alle jederzeit unterstützten und einander freundschaftlich halfen.

Diese Siedlung hat in meinen Erinnerungen einen bedeutenden Platz, da sie für mich ein großes Stück Heimat war. Da gab es Onkel Emil, sein Mäuschen (so nannte er seine Frau immer, weil sie so klein und zierlich war) und seine fünf Kinder. Diese Familie stammte aus Rumänien und war sehr religiös. Onkel Emil erzählte mir viel über die Religion, und ich sah immer, wie seine Familie vor dem Essen betete, welche Beziehungen sie zueinander hatten und wie sie lebten. Sie waren irgendwie anders. Das schönste bei Onkel Emil war, dass er auch mich neben seinen Kindern zum Spazierengehen mitnahm, und wenn er für seine Kinder Eis kaufte, bekam ich auch eins geschenkt. Er schenkte mir auch eine Bibel, aus der er immer schöne Geschichten erzählte. Außerdem gab es da unsere Hausmeisterin, die auch eine große Familie hatte. Sie war immer so nett und so höflich zu mir. Einmal mussten mein Bruder und ich bei ihr für einige Wochen leben, weil meine Mutter in die Türkei musste. Es gefiel mir bei ihr besonders gut, weil sie sich sehr viel Zeit für meine Hausaufgaben nahm und immer herrlich kochte.

Da gab es noch eine Familie, in der die Mutter Norwegerin und der Vater Italiener war. Ihre Tochter war meine beste Freundin, weil wir zusammen in die gleiche Schule gingen. Mit ihr verbrachte ich eine schöne Spielzeit. Nicht vergessen darf ich meine Grundschullehrerin, die immer für jeden gerne da war und sich sehr um mich kümmerte. Sie schenkte mir sogar ein kleines, viereckiges, grünes Portemonnaie, weil ich einmal an einem Montagmorgen in der Kirche beim Zusehen des täglichen Gebetes meiner Schulkameraden mein Taschengeld auf den Boden fallen ließ.

Auch gab sie mir bei der St.-Martins-Feier in der Schule immer zwei Stück Gebäck, weil ich tüchtig aß. Eigentlich könnte ich noch viele Menschen, die für mich sehr wichtig waren, aufzählen. Ich würde dann aber nicht mit dem

Erzählen fertig werden. Also, ich kann sagen, dass ich in meiner Kindheit mit meiner Umgebung in Deutschland, meiner ersten Heimat, gute Erfahrungen gemacht habe, ohne je auf die Verschiedenheit der einzelnen Menschen einzugehen und ohne mir je den Kopf darüber zu zerbrechen, warum jemand eine andere Hautfarbe oder eine andere Lebensweise hat. Es war für mich ganz natürlich, weil ich noch ein Kind war. Dann kam meine kleine Schwester auf die Welt. Weil meine Mutter Teilzeit arbeitete, musste ich oft auf sie aufpassen und auch sie immer dorthin mitnehmen, wo ich hinging. Das ging mir manchmal auf die Nerven, weil meine Freunde sie wegen ihrer ständigen Quängeleien nicht immer bei sich haben wollten.

Trotzdem ging eigentlich alles gut, bis ein Ereignis geschah, dass wir alle nicht ganz verkraften konnten. Mein Vater wurde schwer krank. Ich sah, wie viele Menschen, Verwandte und Nachbarn, ständig zu uns kamen und traurig waren. Nach drei Monaten starb mein Vater. Ich weinte zwar sehr viel, weil auch alle anderen viel weinten, aber ich war mir in diesem Augenblick nicht richtig darüber bewusst, was eigentlich passiert war und wie es jetzt weitergehen sollte. Ich war erst acht Jahre alt. Ich hatte jetzt nur noch eine Mutter, die wieder arbeiten musste, einen Bruder, der anfing, die Schule zu schwänzen, eine kleine Schwester, um die ich mich jetzt noch mehr kümmern musste, eine Lehrerin, die ich viel lieber mochte als vorher, und meine Freunde, mit denen ich jetzt weniger spielen konnte. Dann kam die Zeit, in der einige unserer türkischen Nachbarn ‚für immer' in die Türkei zurückkehrten.

Dies beeinflusste meine Mutter so sehr, dass auch wir auf einmal die Koffer packten. Da war ich so um die 13 Jahre. Es hieß damals „entweder kehren wir jetzt zurück oder es geht dann nie mehr". Würden wir jetzt tatsächlich alles auf einmal so verlassen und für immer fortgehen? Ja, genau das ist auch passiert. Fast jeder aus der Siedlung umarmte uns und wünschte uns viel Glück in unserer Heimat mit unserem neuen Leben. Ich wusste nicht, wie lange wir bleiben würden, und hoffte darauf, wieder zurückzukommen. Mein größerer Bruder hingegen wollte nicht mit uns zurückkehren, aber auch er musste. Als wir nach einer dreitägigen Busfahrt in unserer neuen Heimat angekommen waren, war ich verblüfft, schockiert und traurig. Weil ich in der Türkei nur an schönen Stränden Ferien gemacht hatte, kam mir die Gegend sehr merkwürdig vor. Komischerweise dachte ich, dass jede Stadt in der Türkei fast genauso groß wäre wie die Großstädte. Auch konnte ich mich mit meinem bisschen Türkisch nur sehr schwer verständigen.

Mir ist wieder etwas Tragisch-Komisches eingefallen. Eines Tages hatte mir eine türkische Nachbarin in Deutschland ein Kochbuch überreicht, damit ich die türkischen Spezialitäten in mein eigenes Kochbuch übertragen konnte, um diese Gerichte, wenn ich einmal verheiratet wäre, kochen zu können. Tragisch an der Sache war, dass ich die türkischen Texte in diesem Kochbuch nicht lesen und verstehen konnte, so dass ich die einzelnen Buchstaben und die Skizzen mal richtig, mal falsch in mein Heft abzeichnete. Komisch daran ist, dass ich heute noch lache, wenn ich lese, was ich geschrieben habe. Neben dem Sprachproblem hatte ich auch einige Probleme mit meiner neuen Umgebung.

Keiner sprach mich an, und die Leute guckten immer so verwirrt. Eines Tages, als ich vor der Haustür stand, weil ich meinen Schlüssel vergessen hatte, sprach mich ein Mädchen an. Sie fragte mich, ob ich neu eingezogen wäre, was ich gerade noch so verstehen konnte. Als ich versuchte, ihr eine Antwort zu geben, fragte sie merkwürdig zurück: „Bist du aus Deutschland? Bist du dort geboren?" „Ja", antwortete ich. „Ich komme aus Deutschland und bin dort geboren." Ich musste diesen Satz so oft wiederholen, dass ich oft keine andere Möglichkeit hatte, mich in der türkischen Sprache auszudrücken und so zu verbessern. Einmal hat mir meine Deutschlehrerin in der Schule für die Remigrantenkinder ein Kompliment gemacht. Sie sagte, es ist ja gerade deine Persönlichkeit, dass du in Deutschland aufgewachsen und lange zur Schule gegangen bist. Sei stolz darauf. Was das Mädchen betraf, so kam ich mit ihr nicht gut zurecht, und ich freundete mich mit einem anderen Mädchen an. Sie war auch eine Rückkehrerin und wohnte bei ihrer ledigen Tante, weil ihre Eltern noch in Deutschland waren. Wir fühlten uns sehr nahe und verstanden uns sehr gut. Es war genau so wie meine Beziehungen zu Freunden in Deutschland.

Als die Sommerferien vorbei waren, musste ich zur Schule. Ich musste meine langen Haare entweder ganz kurz schneiden oder sie wie Pippi Langstrumpf flechten. Ich ließ sie lieber schneiden. Außerdem musste ich auch eine Uniform tragen, die aus einem schwarzen Kleid mit einem weißen Kragen bestand. Die Schule war für mich anfangs sehr blöd, weil ich alles aufholen oder besser gesagt auswendig lernen musste, was meine Klassenkameraden schon in der Grundschule gelernt hatten. Das waren seitenlange Texte, wobei ich gar nicht wusste, wozu das gut sein sollte. Alles musste seine Ordnung und Disziplin haben. Hier in der Türkei wurde ich öfters gehänselt, weil ich mich nur sehr schwer anpassen konnte. Einmal, weil ich zum Beispiel mit einem Kaugummi im Mund mit dem Schuldirektor sprach oder weil alle Schüler aufstanden, als die Lehrerin die Klasse betrat, und ich sitzen blieb, dann aber aufstand, als sich schon alle gesetzt hatten. Das Schlimmste war, dass ich mich nicht richtig ausdrücken konnte und die Bedeutungen der leichtesten Wörter nicht kannte.

Einmal forderte mich meine Türkischlehrerin auf, ein Buch zu lesen und es zusammenzufassen, damit sich mein Türkisch verbesserte. Ich habe das Buch „Pollyana" gelesen und mir viel Mühe gegeben, es zusammenzufassen. Doch sie hat mir einfach nicht geglaubt, dass ich die Arbeit selbst gemacht habe. Ich habe mich aber für meine Arbeit eingesetzt, wofür ich dann bestraft wurde. In dieser Zeit bekam ich von meiner Freundin einen Brief und ein Foto zugeschickt, dass mich sehr getroffen hat. Eigentlich war es nicht der Brief, der mich traf, sondern das Foto. Meine alten Klassenkameraden aus Deutschland hatten eine Reise nach Frankreich unternommen. Alle außer mir waren auf dem Foto. Es waren sogar zwei Neue dazugekommen.

Nach dieser Schule ging ich in eine andere Schule, in der ich mich wieder besser fühlte. Genauso wie in Deutschland. Diese Schule war nur für Rückkehrer-Jugendliche. Da durfte keiner rein, der nicht bilingual und -kulturell aufgewachsen war. Das war eine tolle Sache. Die Lehrer waren überwiegend Türken, aber wir hatten die Möglichkeit, den Mathematik- und Deutschunterricht von deutschen Lehrern zu erhalten, die uns allen sehr geholfen haben.

Danach bekam ich einen Studienplatz an der Universität, wo ich Germanistik studierte. Wegen der Rückkehrerwelle waren auch hier alle Studenten so wie ich. Das vierjährige Studium war für mich deshalb etwas Besonderes. Als ich während meiner Studienzeit ein Stipendium für einen dreiwöchigen Sommerkurs bekam, kann ich mich erinnern, dass ich mich vor Freude in einem Schneehaufen herumgewälzt habe. Jetzt hatte ich mich teilweise an meine ‚eigentliche' Heimat und an meinen neuen Lebensort gewöhnt. Was würde ich fühlen, wenn ich nach sechs Jahren wieder nach Deutschland zurückkehrte? Nach dem erfolgreichen Sommerkurs fuhr ich in meine alte Siedlung zurück. Ich war sehr aufgeregt, weil ich jetzt alle meine Freunde und Bekannten wiedersehen konnte.

Ich ging zuerst zu Onkel Emil. Er war zwar nicht zu Hause, und alle vier Kinder, bis auf die Jüngste, waren verheiratet und schon aus dem Haus. Seine Frau begrüßte mich sehr herzlich. Sie waren aus der Siedlung ausgezogen und wohnten in einem Einfamilienhaus. Sie umarmte mich heftig, so dass ich spüren konnte, wie sehr sie mich vermisst hatte. Wir redeten über vieles, und sie zeigte mir die Fotos von ihren Kindern und Enkelkindern. Auch besuchte ich die Hausmeisterin. Ihre Familie hatte sich ebenfalls ein Einfamilienhaus gebaut und wohnte nicht mehr in der Siedlung. Sie machte mir einen Kaffee und war sehr stolz darauf, dass ich studierte. Übrigens schreiben wir uns immer noch Neujahrskarten. Als ich dann zu meiner besten Freundin hinübergehen wollte, sah ich, dass auch sie umgezogen war. Sie hatte ein eigenes Auto, eine Teilzeitarbeit, studierte, hatte einen italienischen Freund und durfte alles tun und machen, was sie wollte. Die schönste Erinnerung habe ich an den Besuch meiner Grundschullehrerin. Ich war besonders aufgeregt, sie zu sehen, aber ob sie mich noch wiedererkennen würde? Ich klopfte an der Klassenzimmertür, öffnete langsam, und sie stand unverändert vor mir. Sie rief mich mit meinem Namen, und wir umarmten uns sehr herzlich. Dass sie mich nicht vergessen hatte und mich sogar mit meinem Namen ansprach, war für mich eine unglaubliche Sache. Nachdem ich mich von ihr verabschiedet hatte, lief ich schnell in die Bäckerei und kaufte mir ein Negerkuss-Brötchen und ein Stück Käsekuchen, was ich auch in meiner Schulzeit fast jeden Tag kaufte. Der Käsekuchen und das Brötchen schmeckten so köstlich wie damals. Das Eigenartige aber war, dass ich mich in der Zwischenzeit nicht mehr geborgen, sondern nur noch wie ein Gast fühlte. Ich war zwar in Deutschland geboren, hatte aber mein Leben in der Türkei fortgeführt.

Jetzt bin ich verheiratet und habe einen Sohn, dem ich deutsche Kinderlieder wie ‚Alle meine Entchen' vorsinge, einen Mann, der es mag, wenn ich ihn auf Deutsch begrüße, einen Satellitenempfang, mit dem ich in deutscher Sprache interessante Talk-Shows, gute Filme und aktuelle Nachrichten sehen kann. Eine Arbeit, bei der wir türkische Studenten zu Deutschlehrern ausbilden, einen Bruder, mit dem ich auf Deutsch e-mailen kann, eine Schwester, der ich versuche zu erzählen, was für ein Baby sie war und was sie so alles in Deutschland gemacht hat, weil sie sich nicht mehr daran erinnern kann, und schließlich eine großzügige Mutter, der ich mit Herz und Seele mein ganzes Leben verdanke.

Sevinç Sakarya Maden
Überall ein Ghetto

Im Gegensatz zu den vorangegangenen Erzählungen möchte ich meine Geschichte auf einer allgemeineren Ebene einordnen. Deshalb schreibe ich im Stil eines Kommentars. Ich selbst war Jugendliche, als meine Eltern zurückgingen.

Die Kinder der aus Deutschland in die Türkei zurückgekehrten Arbeiterfamilien erlebten Anpassungsprobleme. Die eingewanderten Kinder kamen mit einer kulturellen Identität, die zu einer hochentwickelten Industriegesellschaft nicht passte. Sie fühlten sich nicht wie deutsche Kinder, weil sie durch die Eltern eine türkische Erziehung erhielten, die dem deutschen Umfeld nicht entsprach und zu Konflikten führte.

Die kulturellen Unterschiede zwischen den Türken und den deutschen Bürgern und die Reduktion der Muttersprache führten zu Entfremdung. Sozialisationsdefizite, Identitätsstörungen und die Denkfähigkeit wurden unterbrochen. Die Muttersprache verarmte von Tag zu Tag, wobei die Kinder aber auch in der deutschen Sprache sehr große Defizite aufwiesen. Sie versuchten zwar, wie Europäer zu handeln, wurden aber von den Deutschen nicht akzeptiert, andererseits von den Eltern oder Landsleuten, wegen ihrer Versuche wie Europäer zu leben, abgelehnt.

In der Schule wurden sie erfolglos und hatten Kontaktprobleme, lebten deshalb isoliert von ihrer Umwelt. Der von den Deutschen ausgehende Anpassungsdruck und die Angst vor Entfremdung der Kinder führten die türkischen Familien zu einem verstärkten Festhalten an tradierten Werten. Die Familien glaubten sich dadurch gegen das Fremde zu behaupten. Da die Eltern immer arbeiten mussten, um so viel wie möglich zu sparen, lebten die Kinder unter sich und die älteren Geschwister passten auf die jüngeren auf. Sie waren auf Liebe und Geborgenheit angewiesen, wozu aber die Eltern nie Zeit hatten.

Das rief psychologische Schäden hervor. Die in Deutschland geborenen Kinder hatten es ein bisschen leichter, weil sie sich von den Deutschen wenig unterschieden. Aber mit der Pubertät veränderte sich das Verhalten der

Eltern gegenüber den Kindern. Die Eltern wussten nicht genau, welche Werte sie ihren Teenager-Kindern vermitteln sollten. Also beschlossen viele dieser Eltern, zurückzugehen, damit ihre Kinder die türkischen Werte nicht verlieren würden. Es gab also ein Konglomerat von Gründen für die Rückkehr. Den Kindern graute es vor der Rückkehr, weil sie das Land nicht genügend kannten und Türkisch nur brüchig sprachen. Nach der Rückkehr in die Türkei merkten sie, dass ihre Ängste berechtigt waren.

Auch die Eltern mussten bald feststellen, dass die Türkei nicht mehr das Land war, von dem sie jahrelang geträumt hatten. Nachdem das Gesetz zur Rückkehrförderung in Kraft trat, kehrten nach meiner Kenntnis mehr als 170.000 türkische Arbeiter in die Heimat zurück, wo sie sich genauso fremd fühlten wie in Deutschland. Deshalb erlebten viele nach der Rückkehr in die Türkei eine depressive Phase. Die Familien litten unter der Suche nach Arbeit und geeigneten Schulen. Das neue Umfeld und nachbarschaftliche Beziehungen führten zu großen Anpassungsproblemen. Das größte Problem war die Einschulung der Kinder. Wenn Eltern sich genügend bemühten oder jemanden kannten, der gute Beziehungen zum Lehramt unterhielt, konnten die Kinder in eine der deutschen, österreichischen oder Rückkehrer-Schulen eingeschult werden. Andere mussten türkische Schulen besuchen, in denen sie sich völlig unter Druck gesetzt fühlten und aggressiv wurden. Denn sie hatten Sprachdefizite und wurden deswegen häufig ausgelacht. Sie waren auch nicht daran gewöhnt, dass Lehrer oder sogar der Direktor in die Klasse kamen und sie nach Zigaretten, Streichhölzern, Schmuck und verbotenen Publikationen abtasteten.

Einige Türken hatten Angst vor den ‚Deutschländern', weil sie fürchteten, dass diese mit neuen Gedanken in die Türkei kämen und alles liberalisieren wollten. Fragen stellen, offen die Meinung sagen und Kritik ausüben war unter den Lehrern unbeliebt. Deshalb wurde sowohl in der Schule als auch in der Nachbarschaft verlangt, dass die Rückkehrer-Kinder sich völlig der Lebensweise in der Türkei anpassten.

Die Eltern mussten ebenfalls feststellen, dass sie Schwierigkeiten hatten, sich wieder in der Türkei einzugewöhnen und dass ihre Kinder an ähnlichen Anpassungsproblemen litten, wie sie sie selbst vor Jahren erlebten, als sie nach Deutschland kamen. Die Einsamkeit, die sie vor Jahren bei der Ankunft in Deutschland empfunden hatten, quälte nun die Kinder. Sie wurden aus ihrer Umgebung und ihrem Freundeskreis gerissen. Die Eltern trafen den Entschluss zur Rückkehr, um glücklicher zu werden, weil sie sich in Deutschland in der Fremde fühlten und in die Heimat wollten. Aber die Situation der Kinder hatten sie nicht durchdacht. Sie machten sich stattdessen Sorgen über das Verhalten der Kinder und versuchten, vor der ‚Verdeutschung' zu fliehen. Sie glaubten, dass die Kinder mit der Pubertät außer Rand und Band geraten würden. Die Eltern hatten den Kindern versprochen, dass sie in der Türkei ein Leben ohne Probleme leben könnten und dabei nicht vorhergesehen, dass die Schwierigkeiten erst mit der Rückkehr beginnen würden. Die Menschen mussten zum zweiten Mal von einer Kultur in die andere übergehen.

Sie kamen in die Türkei, um die Kinder zu Türken zu machen, und sie vor der Gefahr zu schützen, wie Deutsche zu werden. Sie fühlten aber, dass sie auch in der Heimat Ausländer waren. Für die Eltern war die Umstellung mühsam. Sie mussten entweder eine neue Arbeit suchen oder einen Betrieb aufmachen, weil sie früher in Dörfern gelebt und kein Handwerk gelernt hatten. Sie mussten sich an das Stadtleben gewöhnen, das ihnen so fremd war wie die Türkei den Kindern. Und wenn sie früh in Rente gehen mussten, dann störte sie das müßige Herumsitzen und die Beschäftigungslosigkeit, vor allem wenn sie in Deutschland in zwei Schichten gearbeitet hatten. Auch unter den Nachbarn wurden die Rückkehrerfamilien nicht hoch angesehen, weil sie in Deutschland Arbeiter gewesen waren. Es gab keine Institutionen, die den Rückkehrern bei den Problemen halfen.

Vor allem die Mädchen kehrten später wieder nach Deutschland zurück. Denn obwohl sie studieren wollten, wurden sie unter Druck gesetzt, so früh wie möglich zu heiraten. Sie wurden auf der Straße belästigt und in der Nachbarschaft fand man ihre Kleidung, ihre Frisur oder sogar ihr Verhalten auffällig. Man fühlte eine offene Drohung von der Umgebung, wie Türken zu handeln. In Deutschland waren sie Türken und in der Türkei Deutschländer. Ihre Gefühle waren gespalten. In dem Land, in dem sie aufwuchsen, fühlten sie sich als Fremde. Aber auch in der Türkei, die sie seit Jahren als Heimat bezeichneten, wohnten sie in Ghettos.

Viele wurden, wenn sie zum ersten Mal mit Jeans in die Klasse traten, von den Schülern mit Einheitskleidung mit neugierigen Augen angeschaut und ausgelacht, wenn sie sich vorstellen sollten. Denn sie konnten manche Buchstaben nicht richtig aussprechen.

Die Eltern waren in vielen Situationen ratlos und konnten wegen ihrer ungenügenden Ausbildung nicht weiterhelfen. Mit der Rückkehr wurde die Gegensätzlichkeit zwischen den beiden Schulsystemen immer deutlicher, so dass die Kinder sich immer mehr nach Deutschland sehnten. Und den Eltern dafür die Schuld gaben. Die Eltern waren zurückgekehrt, um die Familienmitglieder zusammenzuhalten, aber die Beziehung wurde tagtäglich schlechter.

Die Kinder wurden gegenüber den Eltern aggressiv, weil sie nicht so leben konnten, wie sie es in Deutschland gewohnt waren. Sie fragten sich, wer sie sind, wofür sie lebten, was sie in der Türkei machten und konnten den Sinn des Lebens nicht verstehen. Da die Einstellungen der Rückkehrer-Kinder von der türkischen Bevölkerung falsch verstanden wurde, konnten sie nicht so handeln, wie sie es sich wünschten, sondern mussten sich nach den Normen richten.

Diese gespaltenen Individuen mussten viele Probleme selbstständig überwinden. Aber vielleicht hat diese frühe Begegnung mit Problemen zu einer Persönlichkeitsentwicklung verholfen, so dass die Generation, die früher als verloren oder sprachlos bezeichnet wurde, heute hochangesehen sein sollte, weil sie beide Kulturen kennt und sich in beiden Sprachen ausdrücken kann.

Viele haben sich für ein Germanistikstudium entschieden und üben heute Berufe aus, die in Deutschland undenkbar gewesen wären, weil viele Sonder- oder Hauptschulen besuchten. Sie sind oft dem anfänglichen Schwebezustand entkommen und haben sich angepasst oder einen eigenen Platz gefunden, auch wenn sie heute immer noch nicht begreifen, wie sie das geschafft haben. Die meisten haben sich in der Türkei so sehr eingelebt, dass sie nur noch ab und zu in Deutschland Urlaub machen. Aber an längere Aufenthalte denkt niemand mehr.

Salih Öney
33 Jahre Deutschland

Im Jahre 1965 bin ich nach Deutschland gekommen. Da war ich 31 Jahre. Geboren wurde ich in Silistra, das liegt in Rumänien. Damals kamen viele durch das türkische Arbeitsamt nach Deutschland. Ich hatte mich auch beim türkischen Arbeitsamt beworben. Nach einiger Zeit erhielt ich einen schriftlichen Bescheid vom Arbeitsamt, dass ich nach Deutschland fahren und dort arbeiten dürfte.

Ich wollte eigentlich wie jeder andere in Deutschland arbeiten und meinen Lebensunterhalt bestreiten. Ich arbeitete zwar in meiner Heimat als Landwirt, und dort gab es auch Jobs, aber trotzdem hatte ich mich entschieden, nach Deutschland zu fahren.

Damals gab es viele Busunternehmer, die Arbeiter nach Deutschland brachten. Ich habe einen dieser Busse genommen, und mit zwölf Bussen sind wir nach Deutschland gefahren. In Deutschland haben die Mitarbeiter und Dolmetscher der Firma, für die wir arbeiten sollten, uns empfangen. Sie haben jeden von uns dort hingebracht, wo wir arbeiten sollten. Als erstes habe ich bei der Deutschen Bahn gearbeitet, danach beim Straßenbau. Ich habe insgesamt 33 Jahre in Deutschland gearbeitet.

Jetzt bin ich Rentner und müde. Zurzeit arbeite ich nicht. Ich hatte keine Deutschkenntnisse. Eigentlich kann ich immer noch kein Deutsch. Die deutsche Sprache konnte ich nicht erlernen. Insbesondere weiß ich nicht, wie man in der deutschen Sprache schreibt. Wir hatten einfach keine Zeit, um Deutsch zu lernen. Ich kann nur ein paar Wörter in Deutsch. Beim Einkaufen nahmen wir aus den Regalen, was wir brauchten, kamen zur Kasse und bezahlten. So kauften wir ein, ohne zu sprechen. Unsere Arbeitskollegen waren alle Türken. Vielleicht konnte ich aus diesem Grund kein Deutsch erlernen. Es gab bei der Arbeit Dolmetscher und türkische Beratungsstellen. Bei Bedarf halfen diese uns oder aber türkische Arbeitskollegen, die gut Deutsch sprachen.

In Deutschland teilte ich mir zuerst mit vier Kollegen ein Zimmer. Später holte ich meine Familie nach. Mit meiner Familie sind wir 16 Jahre in Deutschland geblieben. Natürlich wurde es besser für mich, nachdem meine Familie nach Deutschland gekommen war. Wir mieteten uns eine Wohnung. Diese Zeit war die schönste Zeit, die ich in Deutschland verbracht hatte. Während ich mit meiner Familie zusammengelebt habe, pflegten wir gute Nachbarschaftskontakte. Wir besuchten uns gegenseitig.

Auch hatten wir regen Kontakt mit unseren türkischen Nachbarn. Aufgrund einer Erkrankung meiner Frau kehrte meine Familie im Jahr 1985 in die Türkei zurück. Meine Frau hatte ich in Edirne in der Türkei geheiratet. Genauer gesagt, hat sich die Heirat durch interfamiliäre Kontakte ergeben. Ich habe drei Kinder, die nicht bis zum Ende zur Schule gegangen sind. Nur eins meiner Kinder hat in der Türkei das Gymnasium abgeschlossen. Meine Kinder wollten immer arbeiten. Wir schrieben uns immer gegenseitig Briefe. Der einzige Weg, mit meinen Kindern in Verbindung zu bleiben, war per Post. Sie baten mich um Geld, und ich überwies ihnen, soviel sie brauchten. Jetzt sind alle erwachsen und beschäftigen sich mit ihren Kindern und mit meinen Enkeln.

Unsere Nachbarschaftsbeziehungen in Deutschland waren gut. In unserer Wohngegend waren natürlich viele Deutsche, mit denen wir ganz gut ausgekommen sind. Sie waren nett. Damals war unser Lebensstandard hoch. Für mich ist nicht nur die deutsche Sprache, sondern auch alle anderen Sprachen wichtig. Aber ich konnte die deutsche Sprache nicht erlernen.

1998 wurde ich nach 33 Arbeitsjahren Rentner. Die Lebensbedingungen in Deutschland sind schlechter geworden. Jetzt bekomme ich monatlich nur 1.341 DM Rente. Was kann man schon mit diesem Geld anfangen. Die Miete kostet allein ungefähr 1.000 DM. Mit meiner Rente wären wir in Deutschland gar nicht zurechtgekommen. Wir können nur in der Türkei leben. Nun aber bin ich älter geworden. Deswegen habe ich mich entschieden, in die Türkei zurückzukehren. Mein Pass ist immer noch gültig. Ich kann jederzeit ein- und ausreisen. Aber jetzt bin ich in meiner Heimat, bin Rentner und arbeite nicht. Ich versuche mein Rentnerleben zu genießen. Ich bereue nicht, dass ich in die Türkei zurückgekehrt bin. Meine Kinder und Enkel sind hier. Ich würde mich über gute Beziehungen zwischen Deutschland und der Türkei freuen.

Erhan Örge
„Die deutschen Nachbarn mochten uns gern ... verlorene Erfahrungen"

Im Februar 1973 kam ich als junger Mann nach München. Von dort bin ich nach Obernburg gefahren, wo sich die Firma, in der ich arbeiten sollte, befand. Ich arbeitete in einer Textilfabrik.

Sechs Monate vor meiner Entlassung aus dem Wehrdienst, erhielt ich vom Arbeitsamt in Canakkale einen Einladungsbrief. Ich sollte mich bis zu einem bestimmten Termin in Mecidiyeköy/Istanbul beim Deutschen Konsulat melden. Dann wurde ich einer Gesundheitsuntersuchung unterzogen. Nach meiner Auswahl schickte die Firma, in der wir arbeiten sollten, mein Flugticket. Am 9. Februar kam ich in Deutschland an.

In der Türkei besaß ich eine Schneiderei. Ich konnte meinen Lebensunterhalt bestreiten, aber ich wollte damals nach Deutschland. Meine Freunde, die in Deutschland lebten, sagten, dass der Verdienst gut sei.

Wir waren drei Freunde und fingen in derselben Fabrik an. Deshalb wohnten wir auch zusammen in einem Raum. Da wir uns schon zuvor kannten, verstanden wir uns gut. Meine Frau kam nicht mit. Obwohl ich mich schwer tat, mich anzupassen, fühlte ich mich nicht sehr fremd. Nachdem ich meine Frau nach Deutschland nachholte, wurden die Schwierigkeiten weniger.

Ich hatte keine Deutschkenntnisse. In der Fabrik, in der ich arbeitete, waren viele Türken, die schon vor mir eingestellt worden waren. Da wir in der Regel türkisch sprachen, bemühten wir uns anfangs nicht, Deutsch zu lernen. Nur im Alltag versuchten wir, Deutsch zu lernen. Mit der Zeit lernten wir das Nötigste. Es war doch nicht so schwierig, wie ich es mir vorgestellt hatte.

Ich heiratete meine Frau zwei Jahre bevor ich nach Deutschland kam. Wir haben uns in Canakkale kennengelernt.

Mit unseren deutschen Nachbarn pflegten wir sehr gute Beziehungen. In unserem Wohnviertel wohnten nur Deutsche. Die Nachbarn mochten uns gern. Die letzten 15 Jahre wohnten wir in derselben Wohnung zur Miete. Mit dem Vermieter hatten wir niemals auch nur das kleinste Problem. Obwohl wir eine andere Religion und Kultur hatten, gab es nie Auseinandersetzungen mit unseren Nachbarn. Wir hatten noch Freunde aus Izmir, Eskisehir und Aydin. Während der Arbeit konnten wir uns nicht sehen, aber an Feiertagen, Geburtstagen, Hochzeiten und bei Geselligkeiten kamen wir zusammen.

Unser Lebensstandard war nicht sehr luxuriös. Wir wohnten als Mieter. Die Wohnung war schon mit Möbeln ausgestattet. Deshalb haben wir auch keine Möbel gekauft. Meine beiden Töchter besuchten in Deutschland die Schule. Da ich sparsam lebte, besaß ich einen gewissen Lebensstandard. Alle drei Jahre etwa fuhren wir in die Türkei. Mit dem Geld, das wir sparten, ließen wir in der Türkei ein Haus bauen. Was die Schulbildung angeht, zog ich meine Kinder nach deutscher Lebensweise groß. Beide sind auf die deutsche Schule gegangen. Auch ihre Freunde waren Deutsche. Da sie in Deutschland auf die Welt kamen, passten sie sich an ihr Umfeld schneller und leichter an. Einmal in der Woche hatten sie Türkischunterricht. Beide Kinder besuchten drei Jahre lang den Kindergarten. Damals haben sie Kontakt zu den Deutschen bekommen. Danach haben sie die Schule besucht. In der Schule waren sie recht gut. Niemals hatten sie schlechte Zeugnisse. Und so sind die Kinder groß geworden. Ich wollte, dass sie in der Türkei studieren und arbeiten. Ich wollte nicht, dass sie als Gastarbeiter leben.

Ich habe keine negativen Gefühle gegenüber Deutschland. Ich war mir sicher, dass ich mit dem Geld, das ich in Deutschland verdient hatte, meinen Kindern eine sehr gute Zukunft bieten konnte. Beide studieren. Wenn ich nicht nach Deutschland gegangen wäre, hätte ich ihnen dies finanziell nicht ermöglichen können. Gott sei Dank habe ich alles, was ich mir wünschte, bekommen. Ich würde trotzdem in Deutschland leben wollen. Denn in Deutschland wird einem Menschen mehr Achtung entgegengebracht.

Meine Frau und ich sind Rentner. Wir haben in der Türkei ein Einkommen. Uns fehlt es an nichts. Ich bereue nicht, dass wir zurückgekehrt sind. Mein Reisepass ist noch gültig. Das heißt: Ich dürfte noch in Deutschland leben. Eigentlich bin hier zufrieden, aber ich wünsche mir doch, dass ich nie zurückgekehrt wäre. Mit diesem inneren Widerspruch muss ich leben.

Die deutsch-türkischen Beziehungen sind gut. Das Wissen und die Erfahrungen aus Deutschland hat für uns hier in der Türkei keinen Nutzen. Hier wird die Arbeit nicht rechtzeitig erledigt. Für eine halbstündige Arbeit warten wir oft einen halben Tag. Wenn wir widersprechen oder uns beschweren, sagt man gleich: „Dann kehre doch zurück nach Deutschland." Alles wird hier vernachlässigt. Heutzutage müssen die Jugendlichen Französisch, Englisch, Deutsch und Russisch lernen. Es reicht nicht mehr nur eine Fremdsprache. Die Kommunikation läuft nämlich über Sprachen.

Saime Pehlivan
„Sie sind die ersten, die meine Erfahrungen mit mir teilen wollen!"

Im Jahre 1976 bin ich nach Österreich gelangt. Da war ich 18 Jahre alt. Mein Mann ist durch seinen Vater nach Österreich gekommen. Er war sehr jung, als sein Vater ihn nach Österreich holte. Meinen Mann kannte ich schon früher. Er war mit meinem Bruder befreundet. Wir wohnten in der Türkei in demselben Wohnviertel. Nachdem mein Mann nach Österreich gegangen war, sprach seine Mutter meine Eltern an, und als er aus dem Urlaub zurückkam, heirateten wir. Nachdem wir geheiratet hatten, ließ er mich zu sich kommen.

Damals, wenn man das Wort „Europa" hörte, dachte man an etwas Großartiges. Für viele war „Europa" sowohl kulturell als auch wirtschaftlich sehr anziehend. Ich war sehr jung und frisch verheiratet. Auch ich stellte mir Europa traumhaft vor. Als ich nach Österreich kam, konnte ich kein Wort Deutsch. Deswegen stellten sich mir auch viele Probleme in den Weg. Mit der Zeit lernte ich das Nötigste.

Später schloss ich großartige Freundschaften. Ich hatte mehr österreichische als türkische Freunde. Sie waren sehr hilfsbereit. Mit meinen Freunden und Nachbarn verstand ich mich sehr gut. Wir wohnten in einer Kleinstadt. In dieser Gegend wohnten zwar sehr wenige Türken, aber sie hatten untereinander öfters Probleme. Ich hatte Abstand zu meinen Landsleuten. Wie schon gesagt, hatte ich mehr österreichische Freunde. Sie waren sehr nett und aufgeschlossen.

Es gibt nur drei türkische Familien, mit denen wir noch Kontakt haben. Wenn sie zum Urlaub in der Türkei sind, treffen wir uns. Mein Mann und ich arbeiteten. Unser Lebensstandard war durchschnittlich. Wir waren sicher, dass wir eines Tages in die Türkei zurückkehren würden, deshalb investierten wir unser Geld in der Türkei. Die Lebensverhältnisse in Österreich waren sehr schön. Mein Mann verdiente das Geld. Allerdings ist mein Heimatland die Türkei. Das Geld, das wir verdienten, reichte gerade noch für unseren Lebensunterhalt.

Aber in der Türkei wird das anders gesehen. Die Türken denken, dass man dort sehr viel verdient. Meine beiden ersten Kinder sind in Österreich geboren, und das dritte ist hier geboren. Die beiden hatten die Möglichkeit, sowohl die österreichische als auch die türkische Kultur kennenzulernen. Ich habe versucht, meinen Kindern die türkische Kultur nahezubringen. Da wir in Österreich lebten, übernahmen sie automatisch die österreichische Kultur.

Wenn wir in den Urlaub in die Türkei fuhren, passte eine österreichische Arbeitskollegin auf die Kinder auf. Die Kinder waren nämlich noch klein. Sie mochten die Arbeitskollegin, und sie sind immer noch in Kontakt. Ich bin darüber sehr glücklich, dass die Kinder mit beiden Kulturen aufgewachsen sind.

Meine Kinder besuchten in Österreich die Grundschule und das Gymnasium. Zusätzlich hatten sie auch Türkischunterricht. Sie waren in der Schule sehr gut. Die Kinder passten sich viel schneller und leichter an, dennoch hatten sie einige Schwierigkeiten. Zum Beispiel wurden sie verbal beleidigt, manchmal sogar ausgeschlossen. Auch wir erlebten verbale Angriffe.

Die Sprache war sowohl bei der Arbeit als auch im Alltag sehr wichtig. Mithilfe meines Mannes lernte ich schnell die Alltagssprache. Mein Mann konnte die Sprache besser, weil er vor mir nach Österreich kam.

Wir wollten zurückkehren. Aber eine endgültige Entscheidung zu treffen, war für uns ziemlich schwer. Mein Mann und mein Sohn sind in Österreich geblieben. Meine zwei Töchter und ich kehrten in die Türkei zurück. Die Türkei ist mein Heimatland, und ich wollte in die Heimat zurück. Die Entscheidung trafen wir aus familiären Gründen.

Meine Kinder passten sich ganz schnell an. Das einzige Problem war, dass die Familie sich trennen musste. Mein Mann und Sohn leben noch in Österreich. Mein Sohn hat bereits die österreichische Staatsangehörigkeit. Aber bald wird mein Mann in die Türkei zurückkehren. Wir haben eine starke Familienbindung. Wir werden auch dieses Problem durchstehen.

Meine älteste Tochter ist seit vier Jahren verheiratet. Die jüngere nutzt ihre Fremdsprachenkenntnisse und studiert nun Deutsch.

Ehrlich gesagt, mir fehlen meine Freunde in Österreich sehr. Ich kann die Beziehungen der Menschen untereinander, die gesellschaftlichen Regeln und den gegenseitigen Respekt hier leider nicht erkennen. Das macht mich sehr traurig. In dieser Hinsicht vermisse ich Österreich besonders.

Wie schon angedeutet, fehlt in der Türkei einiges. Ich habe mich immer noch nicht an die Unordnung gewöhnt. Es gefällt mir, meine Verwandtschaft um mich zu haben. Das ist die einzige Beruhigung, Erleichterung und Trost.

Manchmal frage ich mich schon, warum ich zurück in die Türkei bin. Ich verbrachte sehr viele Jahre in Österreich. Ich hatte mich auch an die Lebensweise dort angepasst. Das Leben in der Türkei fiel uns am Anfang schon schwer, besonders meinen Kindern. Sie haben aber das Beste daraus gemacht, und ich wünsche weiterhin viel Glück für sie. Mein Sohn führt sein Leben in Österreich. Er ist 24, hat seine Lehre als Textilfachmann abgeschlossen. Er arbeitet jetzt als Meister in einer Textilfabrik. Meine älteste Tochter wird wahrscheinlich nicht mehr nach Österreich zurückkehren.

Sie hat einen Familienbetrieb. Sie kann zwei Fremdsprachen und arbeitet als Dolmetscherin. Meine jüngste Tochter studiert Deutsch. Sie wird dieses Jahr fertig werden. Das Leben in der Türkei ist schwer. Man sollte alle Möglichkeiten nutzen.

Die türkisch-österreichischen Beziehungen sind schon historisch. Ich wünsche die Fortsetzung der guten Beziehungen. Besonders in Deutschland leben sehr viele Türken. Englisch ist die meist gesprochene Sprache. Die Türkei versucht, in die Europäische Union aufgenommen zu werden, und deshalb sollte die deutsche Sprache in der Türkei noch mehr angesehen sein. Deutsch gilt jetzt auch als Weltsprache. Neben Englisch lernen die Jugendliche eine zweite, sogar eine dritte Fremdsprache. Keiner wollte hier meine Erfahrungen mit mir teilen. Sie sind die Ersten.

Yasemin Şeker

„Für die Probleme der türkischen Jugendlichen in Deutschland sollte es eine Lösung geben ... Fremdsprachenkenntnisse machen selbstbewusster"

Ich bin in den 70er-Jahren, genauer gesagt am 25. Februar 1974, auf Wunsch meiner Mutter nach Deutschland gegangen. In Deutschland wollte ich arbeiten und mehr Geld verdienen als in der Türkei, damit ich in Wohlstand leben konnte. In den Jahren waren die Menschen sehr offen und entgegenkommend, jeder konnte in einer sauberen Umgebung leben und hatte die gleichen Rechte. Ich blieb bis 1978. Am Anfang konnte ich kein Deutsch, aber mit der Zeit lernte ich so viel, dass ich mich verständigen konnte. Nach vier Monaten konnte ich sogar meinen Führerschein nachmachen.

Auf Wunsch meiner Eltern habe ich einen Mann in der Türkei geheiratet. Mit unseren ausländischen und deutschen Nachbarn, auch wenn wir ab und zu Auseinandersetzungen hatten, verstanden wir uns gut. Obwohl unsere finanzielle Situation nicht sehr gut war, versuchten wir zu sparen. Was die Schulbildung meiner Kinder betrifft, hatte ich mich zwar für die Türkei entschieden, aber im Endeffekt mussten sie die Entscheidung selbst treffen.

Bei der Erziehung meiner Kinder habe ich darauf geachtet, dass sie die kulturellen türkischen Werte wie auch die deutschen vermittelt bekamen. Keines von meinen Kindern ist in den Kindergarten gegangen. Denn ich habe sie so erzogen, dass sie nicht in den Kindergarten zu gehen brauchten. Wenn man in einem fremden Land leben will, dann muss man auch die Sprache beherrschen und die Gesetze des Landes kennen. Ich habe auch dies gemacht. Der erste Grund für unsere Rückkehr in die Türkei war der schlechte Gesundheitszustand von mir und meinem Mann. Und der zweite die Schulbildung meiner Kinder. Denn für ausländische Kinder ist es schwierig, in Deutschland eine Hochschulausbildung zu machen. In der Zeit nach der Rückkehr war ich sehr glücklich, und ich bin es immer noch, weil ich von den Gefühlen Heimweh oder Fremdsein weit entfernt bin.

Deutschland gehört zu den Ländern, die die Menschenrechte auf dem Papier verteidigen. Eigentlich bin ich der Meinung, dass es immer so war und auch bleiben wird. Die Türkei ist ein Land mit sehr vielen Problemen, sei es auf der politischen, finanziellen oder sozialen Ebene. Trotz allem ist es mein Heimatland, in dem ich mich wohl und glücklich fühle. Als ich in die Türkei zurückkam, begegnete ich Bekannten, die entweder sehr reich geworden oder immer noch arbeitslos waren. Es wurde mir klar, dass man sogar in der Türkei, wenn man wirklich arbeiten will, irgendwie eine Stelle bekommen konnte. In diesem Moment bereute ich die Entscheidung, nach Deutschland zu gehen, die ich vor Jahren getroffen hatte. In meiner Heimat bekamen auch meine Kinder die Möglichkeit, eine Hochschulausbildung zu machen, ohne dass sie dafür etwas zahlen mussten.

Ich wünsche ihnen, dass sie in ihren Berufen eine hohe Position erreichen. Die Türkei und Deutschland sollten in der Zukunft in einer besseren Beziehung zueinander stehen, damit sie die Probleme der türkischen Jugendlichen aus der Nähe untersuchen und eine Lösung finden können. Bezüglich der Fremdsprachen kann ich nur sagen, solange man eine gut beherrscht, ist man sicherer und selbstbewusster in dem Land, in dem man sich aufhält.

Yasar Ümit
„Die Deutschen sind den Türken am nächsten, was die Kultur anbelangt"

Ich bin am 24. Januar 1946 in Antalya geboren. Mit dem Zug fuhr ich am 4. Oktober 1972 von Istanbul nach München. Durch die Arbeitsvermittlung bekam ich eine Stelle bei den Eisenwerken in Oggersheim bei Ludwigshafen. Nach Deutschland bin ich aus einem Grund gegangen: Ich wollte das nötige Geld für meine Weiterbildung sparen und dann zurückgehen. Doch das Land, die Umgebung, in der man aufgewachsen und groß geworden ist, zu verlassen, ist sehr schmerzhaft. Dann in einem fremden Land zu leben und allein zu sein, hat mich sehr traurig gemacht. Meine Traurigkeit endete, als meine Frau mit unserem Sohn nach Deutschland kommen durfte. Ich hatte sie 1968 in Burdur durch meine Eltern kennengelernt und heiratete sie am 26. Februar 1969.

In der Türkei hatte ich das Gymnasium absolviert und als Fremdsprache Englisch gelernt. Vor der Fahrt nach Deutschland kaufte ich ein deutsch-türkisches Wörterbuch. Unterwegs lernte ich einige Wörter auswendig, später wurden diese sehr nützlich. Als ich mich entschloss, einen Deutschkurs zu machen, ging ich in die Volkshochschule. In Deutschland waren unsere Nachbarschaftsbeziehungen sehr gut. Die Freundschaften, die wir mit den türkischen Familien in unserer Umgebung hatten, konnten wir auch mit den deutschen Familien entwickeln. Natürlich war die Freundschaft auf einer anderen Ebene: Die Zuneigung und die Hilfsbereitschaft, die sie uns zeigten, werden wir nicht vergessen.

Da ich in der Wechselschicht arbeitete, konnten wir uns mit unseren Freunden nur an bestimmten Tagen treffen. Trotzdem unternahm meine Frau öfters etwas mit ihnen, sei es Einkaufen oder Essen gehen. Unser Hauptziel war, für unsere Zukunft in der Türkei zu sparen. Deswegen gaben wir nur für das Nötigste unser Geld aus. Unsere Autos bezahlten wir mit einer Kreditaufnahme bei der Bank. In manchen Jahren mussten wir sogar auf unseren Urlaub in die Türkei verzichten. Später machten wir Geldinvestitionen in der Türkei.

Meine beiden Kinder gingen in den Kindergarten. Meine Tochter konnte sogar die Grundschule in Deutschland besuchen. Während dieser Zeit beobachteten wir türkische Jugendliche, die einige Probleme bezüglich der zwei Kulturen hatten. Das Aufwachsen zwischen zwei Kulturen bereitete ihnen Identitätsprobleme. Diese Entwicklung zwang uns, eine Entscheidung zu treffen. Sicher, meine Kinder hatten bis jetzt weder in der Schule noch im Alltag solche Schwierigkeiten. Die Zukunft meiner Kinder änderte unsere Pläne. Auch das immer stärker werdende Heimweh war ein Grund für unsere Entscheidung, in die Türkei zurückzugehen.

Ich werde mein Leben lang die Eigenschaften der Deutschen – wie pflichtbewusst und respektvoll zu sein – bewahren und an meine Kinder weitergeben. Deswegen schätze ich mich sehr glücklich, dass ich dieses Land mit seinen Menschen kennenlernen durfte. Das Volk dieses Landes verdient, respektvoll behandelt zu werden. Die herrschenden illegalen Geschäfte, Korruptionen, ungesetzlichen Handlungen in der Türkei haben uns sehr belastet. Nachdem ich mich 14 Jahre lang als Mensch gefühlt und als solcher behandelt worden war, ist es sehr schwer, bei diesen Ereignissen zuzuschauen. Es ist sehr schmerzhaft, dennoch haben wir noch Hoffnung. Zumindest versuche ich, meine Pflicht als Bürger zu erfüllen, indem ich meinen Kinder eine gute Erziehung und Bildung gebe.

Damals habe ich öfters gesagt: „Ach, wäre ich doch nicht nach Deutschland gekommen." Doch jetzt bereue ich diesen Schritt überhaupt nicht. Auch meine Rückkehr bereue ich nicht. Obwohl meine Tochter die Möglichkeit hatte, eine Hochschulausbildung zu machen, entschied sie sich für eine Ehe. Jetzt ist sie glücklich verheiratet und hat mich mit jungen Jahren zum Großvater gemacht. Dagegen wird mein Sohn demnächst die Universität absolvieren und später als Lehrer arbeiten. Ich bin auf beide sehr stolz.

Über die politische Beziehung zwischen der Türkei und Deutschland kann ich nicht viel sagen, jedoch, was die Kultur anbelangt, sind die Deutschen das Volk, das den Türken am nächsten ist. Um diese Beziehung zu pflegen, sollte die neue Generation in der Türkei neben Englisch auch Deutsch als Fremdsprache lernen.

Nachdem ich in die Türkei zurückgekommen war, hoffte ich, meine Erfahrungen, die ich in Deutschland gemacht hatte, mit einigen Menschen zu teilen. Leider war das nicht möglich.

Birgül Yaşağaç
„Wir hatten dieselben Rechte wie die Deutschen, auch die Kinder"

Im Oktober 1965 kam ich nach Deutschland. Mit meinem Mann Kemal bin ich als Arbeiter nach Deutschland gekommen. Die erste Zeit war sehr schön. Unmittelbar nach unserer Ankunft haben wir angefangen zu arbeiten. Ich hatte keine Deutschkenntnisse. Deshalb hatten wir große Probleme. Nach und nach lernten wir Deutsch.

Ich lernte meinen Mann in der Türkei kennen. Die Beziehungen zu unseren deutschen Nachbarn waren sehr schön. Bei unserer Abreise haben sie sogar geweint. Es war sehr schwer, sich von ihnen zu trennen. Unser Lebensstandard entsprach dem der Deutschen. Wir hatten dieselben Rechte. Unser Kind hat die deutsche Schule besucht. Deshalb wurde es von der deutschen Kultur beeinflusst. Während der Kindergarten- und Schulzeit hatte unser Kind keinerlei Probleme. Ich bemerkte keinen Unterschied zwischen deutschen und türkischen Kindern.

Deutschkenntnisse zu haben war sehr wichtig in der Schule, beim Einkaufen und für die Arbeit. In Deutschland mussten wir die deutsche Sprache erlernen, um uns wohler zu fühlen. Die Sehnsucht nach unserer Heimat, unser Sohn und unser Alter ließen uns wieder in die Türkei zurückkehren. Wir wollten unsere letzten Tage in unserer Heimat verbringen. Die Rückkehr in die Türkei war sehr schwer, aber der Entschluss stand fest.

Diese Entscheidung haben wir nie bereut. Wir brauchten einige Zeit, um uns wieder einzuleben, da die deutsche und türkische Kultur sehr unterschiedlich sind. Wir sind dankbar dafür, in Deutschland gelebt zu haben. Wir haben unser Kind vor die Wahl gestellt, in Deutschland zu bleiben oder mit uns in die Türkei zu kommen. Unser Kind entschied sich für die Türkei. Wir hoffen, dass Deutschland uns wirtschaftlich und kulturell unterstützt, damit wir in der Türkei unseren Lebensstandard steigern können.

Nach unserer Meinung sollten die Schüler die deutsche und englische Sprache erlernen. In der Türkei interessiert sich niemand für die von uns gemachten Erfahrungen.

Ali Yayla
„Ich fühle mich in der Türkei wie ein Tourist"

Ich bin im Jahre 1945 geboren. Ich habe nur die Grundschule besucht. Ich kam Mitte 1968 nach Deutschland. Es war etwa zwischen Juni und August. Nach Deutschland bin ich durch das Arbeitsamt gekommen. Ich habe als Autopolsterer gearbeitet. Wegen finanzieller Probleme bin ich nach Deutschland gegangen. Ich wollte eine Arbeit finden und Geld verdienen.

Deutschland war für uns wie das Paradies. Unsere Situation kann man mit der derjenigen vergleichen, die von den Dörfern oder Kleinstädten nach Istanbul fortgegangen waren. Wir haben uns in Deutschland wohl und sicher gefühlt. Einsamkeit und Fremdheit waren natürlich da. Am Anfang hatten wir auch Anpassungsschwierigkeiten. Ich hatte keine Deutschkenntnisse. Ich habe alles selbst gelernt.

Meine Ehefrau habe ich in Deutschland kennengelernt. Wir arbeiteten in der gleichen Fabrik und haben uns dort angefreundet. Unsere Beziehung mit den deutschen Nachbarn war sehr gut. Sie haben uns immer freundlich aufgenommen. Sie waren sehr sympathisch. Sogar heute vermisse ich sie alle.

In Deutschland sind diese Beziehungen etwas anders als bei uns. Wegen der Arbeitszeiten waren die Beziehungen begrenzt. Alles lief mehr über Zufallsbegegnungen. Mein Lebensstandard war durchschnittlich. Unsere Kinder haben wir natürlich nach türkischen Werten erzogen.

Da unsere Kinder jedoch mit der türkischen und mit der deutschen Kultur lebten, mussten sie beide Kulturen akzeptieren. Im Kindergarten und in der Schule hatten sie keine Schwierigkeiten. Da die Kinder in Deutschland geboren und aufgewachsen sind, war die Anpassung problemlos.

Es war wichtig für mich, Deutsch zu können. Gibt es überhaupt eine Alternative dazu? Nachdem ich die Sprache erlernt hatte, habe ich auch anderen gerne geholfen. Ich habe ihnen bei der Arbeit, Gewerkschaft, beim Arzt, auf der Bank und auch auf der Straße geholfen. Je mehr ich die Sprache erlernte, desto mehr konnte ich anderen helfen.

Nach mehreren Jahren hat sich die Ausländerfeindlichkeit bemerkbar gemacht. Sie wurde immer stärker. Aber die Hauptursache, warum ich zurückkehrte, war, dass ich keine Arbeit mehr hatte. Obwohl wir uns organisierten, waren wir nicht sehr erfolgreich. Außerdem machte sich das Heimweh bemerkbar; man war von der Heimat weit entfernt. Ich wollte, dass die Kinder endlich Türkisch lernten und in ihrem Heimatland lebten. Jedoch war der Hauptgrund meiner Rückkehr, dass ich arbeitslos war.

Ich liebe Deutschland immer noch; auch meine Nachbarn und die schönen Lebensbedingungen. Ich habe keine dieser Eigenschaften in meinem Land gefunden. Ich fühle mich in der Türkei wie ein Fremder. Ich bin fremd in meinem eigenen Land und fühle mich wie ein Tourist. Ich sehe die Türken so, wie sie auch ein Tourist mit seinen Augen sieht. Ich finde es schade, wenn ich Türken sehe, die auf den Boden spucken. Ich wünschte ich wäre nie zurückgekehrt.

Ich habe immer an die Zukunft meiner Kinder gedacht. Ich habe versucht, meinen Kinder klar zu machen, wie wichtig ein Studium für sie sein kann. Meiner Meinung nach war die einzige Möglichkeit für meine Kinder das Studium. Ich wollte, dass sie zu gebildeten Menschen werden. Die dritte Generation hat sich schon an die Situation angepasst. Auch wenn sie sich als Türken verstehen, sind sie Deutsche. Aus unserem Land gibt es keine Bemühungen, die türkische Kultur zu fördern. So versuchen sie, selbstständig etwas zu erreichen.

Deshalb glaube ich, dass ihre Interessen in der Zukunft verloren gehen und ihre Beziehungen nur noch auf der Ebene des Türkeitourismus basieren. Sie leben nämlich in Deutschland. Neben Englisch sollten die Jugendliche in der Türkei auch Deutsch lernen. Aber auch diese Sprachen werden in Zukunft nicht ausreichen. Sie müssen Japanisch, Russisch und Französisch erlernen. Sogar Griechisch ist wichtig.

Auch wenn wir wirtschaftlich abhängig von Deutschland und von Amerika sind, brauchen wir in Zukunft bessere Kontakte und Kommunikationsmöglichkeiten zu diesen Ländern. Erst recht, wenn über die Globalisierung der Welt gesprochen wird.

Familie Yücel

„Morgen ..., der deutsch-türkische Verein, viel Arbeits- stress"

Vater: Im Jahre 1963 hatte ich in İzmir eine gute Arbeit im Hotel. Jedoch bekam ich Antwort vom deutschen Arbeitsamt auf meinen Antrag für die Ausreise nach Deutschland. Das erste Jahr in Deutschland habe ich mich oft gefragt, warum ich gekommen bin. Denn ich hatte eine sehr harte Arbeit. Damals wollte ich zurück, jedoch überredeten mich meine Freunde zu bleiben. Nach einem Jahr fing ich bei Fichtel und Sachs an. 1965 fuhr ich in die Türkei, ich verlobte mich mit meiner Frau und kam zurück nach Deutschland. 1967 ging ich in die Türkei, heiratete dort und wir kamen zusammen im gleichen Jahr nach Deutschland.

Mutter: Ich war nun verheiratet, deswegen bin ich auch gekommen.

Vater: Wir waren vier Männer, als wir das erste Mal in Deutschland waren. Die Firma hatte eine Wohnung gestellt. Wir waren immer müde, denn wir waren nicht gewohnt, dass eine Eisenbahn gleich neben unserer Wohnung fuhr. Denn wir vier kamen aus Ostanatolien und kannten so etwas nicht. Die Firma gab uns drei Tage frei. Unser Brot war zu Ende. Wir gingen zum Bäcker und wollten Brot kaufen. Die Bäckerin sagte uns immer „Morgen!". Wir verstanden aber „Morgen!", also den nächsten Tag, und nicht „Guten Morgen!" Obwohl es jeden Tag Brot in der Bäckerei gab, sagte uns die Verkäuferin „Morgen!", und wir verstanden darunter, dass wir am nächsten Tag wiederkommen sollen. Nach ein paar Tagen haben wir fünf Deutsche Mark gegeben und schnell zwei Stück Brot genommen und sind nach Hause gelaufen. Die Verkäuferin rannte uns nach. Sie wollte das Rückgeld geben. Später haben wir uns verständigt – ein Übersetzer kam. Wir haben dann verstanden, warum sie „Morgen!" sagte. Es waren im Jahr 1962 50 bis 60 Türken in Schweinfurt. Und im Jahr 1963 waren es 80. Von selbst haben wir Deutsch gelernt. Im Gespräch mit Freunden und in Kursen.

Mutter: Mein Mann arbeitete, und ich war alleine zu Hause, hatte Heimweh, wollte zurück. Dann habe ich mir ein Buch gekauft. Ein Wörterbuch. Zuerst habe ich vieles falsch gelernt (von der Phonetik her). 1969 kam mein erstes Kind auf die Welt. Im gleichen Jahr fing ich bei Fichtel und Sachs zu arbeiten an. Ich habe insgesamt vier Kinder bekommen. Mein Mann und ich arbeiteten in Wechselschichten, wir waren immer sehr müde und krank und hatten Sorgen um die Kindern und bei der Arbeit. 1984 sind wir zurückgegangen.

Ich habe mehr Deutsch als mein Mann gelernt. Wo ich gearbeitet habe, gab es fast nur deutsche Kollegen. Deshalb habe ich mehr Deutsch gelernt und machte auch einen Deutschkurs in einem türkisch-deutschen Verein. Wir lebten sechs Jahre lang mit einer deutschen Familie (Fritz & Marianne Schlegelmilch), sogar das WC teilten wir uns. Wir verständigten uns sehr gut.

Vater: Ich hatte sehr gute Kontakte. Wir luden uns gegenseitig ein. Der Dialog mit den Deutschen war sehr gut. Wir vereinbarten Seminare, Ausflüge und so weiter. In der SPD war ich auch bekannt.

Mutter: Genauso war es aus meiner Sicht. Wir hatten mehr Kontakte mit Deutschen als mit Türken. Wir haben auch einen Kochkurs veranstaltet. Die privaten Kontakte waren mehr mit deutschen Familien. Am Wochenende waren wir im deutsch-türkischen Verein. Die Kinder waren mehr mit den deutschen Freunden zusammen.

Bis 1979 war alles sehr gut. Ab 1979 fing die Ausländerfeindlichkeit an. Auch unsere Kinder sagten das damals, dass es Ausländerfeindlichkeit gibt. Jedoch diejenigen deutschen Kollegen, mit denen wir in Kontakt waren, sind sehr dagegen gewesen. Das heißt: Sie wollten nicht, dass wir zurückkehren.

Vater: Uns wurde damals sogar angeboten, dass wir die deutsche Staatsbürgerschaft annehmen könnten. Jedoch sagten wir ab.

Mutter: Der größte Einfluss zur Rückkehr war 1983-84 die Ausländerfeindlichkeit. Rund fünf türkische Kinder waren ermordet worden und eines von ihnen hieß Murat. Das ist auch der Name meines Sohnes. Unser Lebensstandard änderte sich. Mein Mann und ich arbeiteten, verdienten gut, aber gaben auch alles aus und sparten nicht. Wir versuchten die Wünsche der Kinder zu erfüllen und wollten nicht sparen, konnten auch nicht.

Vater: Die Muttersprache unserer Kinder (Mukadder und Murat) war Deutsch. Das machte uns traurig, wenn ich es offen sagen muss. „Vor Türkisch habt ihr Deutsch gelernt." Unsere Kinder sind unter Deutschen aufgewachsen und haben die türkische Kultur und Sprache nicht bewahrt. In der Türkei waren unsere Kinder danach bikulturell und -lingual, worüber wir uns freuten und stolz waren.

Mutter: Es war ein sehr guter deutscher Kindergarten, in den unsere Kinder gegangen sind. Die Erzieherinnen halfen uns sehr. Obwohl Murat erst zweieinhalb Jahre alt war, nahm die Schwester im Kindergarten Murat an. Unsere jüngste Tochter Nilüfer ging auch in denselben Kindergarten. Wir waren mit dem Kindergarten sehr zufrieden, und sie mit unseren Kindern. In der Schule war auch alles sehr gut. Als Mutter sprach ich öfters auch mit den Lehrern, die Noten meiner Kinder waren gut. Bei der Rückkehr hatte Murat die Grundschule beendet und Mukadder die Realschule angefangen. In der Türkei ging es auch nicht schlecht, die Kinder waren erfolgreich. Die deutsche Sprache war für uns sehr wichtig. Und wir verständigten uns mit den Deutschen gut. Wir wurden sogar von Deutschen als Hilfe zur Übersetzung gerufen.

Vater: Wir lebten wie die Deutschen und sparten nichts. Wir sprachen, als wir an Remigration dachten, mit unseren Kindern.

Mutter: Die wichtigsten Gründe waren Krankheit und Stress wegen der Arbeit. Jetzt ist in Deutschland alles viel besser. In unseren Zeiten gab es nur acht Wochen Erziehungsurlaub nach der Geburt. Danach musste ich die Hälfte meines Gehalts den Pflegern geben. Jetzt fühlen wir uns in der Türkei sehr gut. Die Kinder sind groß, aber mein Mann und ich sind alleine. Kein Ärger, keine Wechselschicht und kein Arbeitsstress mehr.

Vater: Die Türkei ist aus ökonomischer Seite nicht zu vergleichen mit Deutschland. Wir kamen mit Freude und aus eigenem Willen nach Deutschland. Wir hatten sehr gute Kontakte mit den Deutschen.

Mutter: Ich freue mich für Mukadder und Nilüfer. Ich hoffe, dass meine kleine Tochter, die ledig ist, auch glücklich wird. Jedoch bin ich traurig wegen Murat. Trotz seines Studiums und seiner Bildung arbeitet er in einer Fabrik. Ich wünsche mir sehr, dass er eine gute Arbeit bekommt.

Vater: All unsere Kinder sind irgendwo. Zuerst haben wir bei der Rückkehr dafür gebüßt, dass wir hierher gekommen sind, besonders wegen der Kinder. Wir waren traurig. Unsere Kinder mussten vieles in der Türkei erleiden, und das tat uns weh. Dort, wo wir uns niederließen, war es kulturell sehr traditionell geprägt (Ostanatolien). Mukadder ist eines Tages auf dem Weg (eine lange Strecke vom Dorf bis zur Stadt) zur Schule hingefallen und das berührte mich sehr. Jedoch sagte ich meiner Tochter, dass sie hier das reale Leben kennenlernt.

Mutter: Ich komme nun zum zweiten Mal nach Deutschland nach der Rückkehr. Jedoch bin ich etwas misstrauisch, denn sowohl bei den Türken als auch bei den Deutschen sind die Beziehungen und der Kontakt nicht mehr so wie früher.

Mukkaders Vater, *fein herausgeputzt.*

Familie Yücel in den 70er-Jahren.

Mukadder Seyhan-Yücel
„Das Gefühl des Fremdseins geht nicht ab ..."

Den 15. August 1984 werde ich wohl nie in meinem Leben vergessen. Der Tag des Abschiedes von Deutschland und Schweinfurt, die Zerrissenheit und die große Trauer. Wir kehrten zurück in unsere Heimat, so sagten es unsere Eltern. Wir sind vier Kinder. Meine Heimat ist, wo ich mich daheim fühle. Wo? Ich kann dies nach 16 Jahren Rückkehr immer noch nicht konkret beantworten.

Jedoch kann ich den Rückkehrwillen meiner Eltern heute gut verstehen. Sie arbeiteten immer in verschiedenen Schichten in der Fabrik, weshalb sie für sich oder mit uns nur am Samstagnachmittag oder Sonntag sein konnten. In den letzten Jahren in Deutschland waren sie immer krank und gestresst. Sie erzählten bei Verwandtenbesuchen oft über ihre Schmerzen und mussten noch viele, viele Jahre arbeiten, damit sie Rentner in Deutschland werden konnten. Das sei zu lang, und wir Kinder seien auch nicht mehr klein und sie könnten uns Kindern mit der Ausbildung in der Türkei eine gute Zukunft geben.

Wir vier Geschwister stimmten zwar dieser Rückkehr vage zu, aber was auf uns zukommen würde, davon hatten wir keine Ahnung. Meine große Schwester war in der 8. Klasse der Hauptschule, ich wurde in die siebte Klasse der Realschule versetzt, mein Bruder Murat in die 6. Klasse der Hauptschule und meine kleine Schwester Nilüfer hatte den dreijährigen katholischen Kindergarten beendet und hätte dort die Grundschule anfangen können.

Wir vier Geschwister hatten verschiedene Hobbys und unsere Eltern unterstützten uns bei unseren Aktivitäten, wie beispielsweise Orgelkurs, Judo, Fußball, Schlittschuhlaufen, Zeltausflüge. All das mussten wir hinter uns lassen. Nicht nur das. Ich hatte auch eine deutsche Mama (Marianne Schlegelmich). Sie nahm mich mit drei Monaten auf. Wir lebten sieben Jahre lang in der gleichen Wohnung. Für vieles bin ich ihr dankbar.

Meine deutsche Seite kommt von ihr. Auch sie musste ich verlassen. Das gleiche galt auch für meine Eltern. Sie hatten so gute Kontakte und Freundschaften mit Deutschen. Viele deutsche Bekannten und auch unsere Verwandten versuchten meine Eltern zu überreden, nicht zurückzukehren, aber es war leider schon entschlossen. Am Trennungstag waren es so rund 100 Personen, die sich vor unserer Wohnung in Schweinfurt von uns verabschiedeten. Alle weinten bitterlich, vom Hausmeister bis zu Schulfreunden.

Wir ließen uns in einem Dorf von Tunceli nieder. Die ersten zwei Jahre waren sehr schlimm. Das kann man einfach nicht mit Worten beschreiben. Wir hatten Anpassungsschwierigkeiten, Heimweh nach Deutschland, einen kulturellen Schock, Sprach-, Schul- und Verständigungsprobleme. Ich weiß ganz genau, dass meine Eltern wegen uns Kindern den Rückkehrentschluss sehr bereut haben. Aber sie haben uns sehr geholfen. Außer unseren Eltern verstand fast niemand, dass ich mich wie ein Fremdling fühle.

Unsere Eltern versuchten, uns nicht mit den hiesigen Gesellschaftsregeln und Traditionen zu unterdrücken. Auch die Eltern hatten es nicht leicht sich anzupassen. Post von meiner deutschen Mama war die einzige konkrete Verbindung nach Deutschland. Lange Zeit habe ich von Schweinfurt, meiner Schule und unserer Wohnung geträumt. Meine Eltern konnten sehen, dass ich depressiv war und sehr an meinen Erinnerungen hing, und sie schickten mich in den Sommerferien 1986 für drei Monate wieder nach Schweinfurt. Ich könnte nun seitenlang schreiben, was auf uns zugekommen ist, was wir alles miterlebten und was Interessantes geschah.

Das soll nun ausbleiben, jedoch möchte ich erwähnen, dass ich hier viel für das Leben gelernt habe. Ich habe Germanistik studiert und im Bereich Deutschlehrer-Ausbildung promoviert. Nun bin ich an der Universität Lektorin, wobei ich meinen größten Dank meiner Familie senden möchte, für ihr Verständnis, ihre Rücksicht und Geduld. Aber das Gefühl des Fremdseins geht einfach nicht ab. Wer weiß, was wird.

Cağlayan Karaoğlu
Deutschland, ein Traum

Manchmal denke ich, Deutschland war wohl nur ein Traum oder eine Hallu-
zination für mich. Es ist eine lange Zeit her, dass ich Deutschland verlassen
habe und in die Türkei zurückgekehrt bin. Es kommt mir so vor, als ob ich
nicht wirklich da war, als ob ich nicht 15 Jahre dort gelebt hätte. Genauso
fühle ich mich manchmal. Nur wenn ich mir einen Film ansehe oder etwas
lese oder jemand fängt an, etwas zu erzählen, was mit den Problemen der
Gastarbeiter in Deutschland zu tun hat, da wache ich auf und bin wieder in
Deutschland, und es ist wieder alles so real, dass ich meine, es anfassen zu
können.

In Deutschland als Gastarbeiter oder Gastarbeiterkind zu leben oder gelebt zu haben, hat viele Seiten – dunkle und helle. Für viele meiner Verwandten oder Freunde war unsere Situation „beneidenswert", und ich war ein
Glückskind – für uns in Deutschland war das wiederum eine andere Sache.
Da war ich ein ‚Schadekind'. „Schade, dass du eine Türkin bist." Das ist eine
meiner Erinnerungen. Ich denke, dieses Gefühl können nur jene so richtig verstehen, die dasselbe Schicksal hatten, ein ‚Nachfühlen' ist hier unmöglich.
Man muss dasselbe unter denselben Bedingungen erleben, um es nachfühlen
zu können. Viele haben einiges zum Thema „Gastarbeiter" geschrieben, als
ob sie alles so gut verstünden und besser beurteilen könnten als jeder andere. Sie haben Lösungen gefunden und erwartet, dass diese von den Gastarbeitern angewandt werden, um ihre Probleme zu mildern. Oder sie haben
beurteilt und verurteilt.

Viele haben die Gastarbeiter überhaupt nicht verstanden, andere haben
sie besser verstanden, manchmal sogar besser als die Gastarbeiter sich selbst.
So sah es für mich aus. Ich denke, man hat sich fast nie in der Mitte treffen
können. Und ich finde, heute ist es nicht sehr viel anders. Diejenigen, die sagen „es ist alles viel besser", sind nach meiner Ansicht die, die es geschafft
haben, ‚Deutsch' zu werden. Diese sind nicht in der Mehrzahl. Wenn eine Seite die andere zu „integrieren" versucht – und dabei denkt, „wir sind die Auf-
geschlosseren, die Besserwissenden, und wenn ihr mit uns hier leben wollt,

müsst ihr euch ganz nach uns richten", und die andere Seite daraufhin versucht, sich mit allen Mitteln dagegen zu wehren, in der Angst, ihre Kultur und Kinder zu verlieren, und in der Folge eine totale kulturelle Autorität ausübt, welche die Kinder völlig einengt, dann werden die Abstände noch größer. Alle fühlen im tiefsten Inneren „Ich habe doch recht". Diese Einstellung zu ändern, ist nahezu unmöglich.

Wenn Menschen aus Not oder Zwang zusammengebracht werden, ist es kein Wunder, dass kulturelle und sprachliche Unterschiede immer eine Blockade bei der gegenseitigen Verständigung sein werden. Denn weder die Deutschen noch die Türken waren geistig für ein Zusammenleben bereit, es war keine bewusst gewählte Entscheidung. Beide Seiten haben sich nur gefügt. Niemand wurde dafür erzogen oder vorbereitet. Deutschland brauchte Menschen und Arbeitskräfte, die Türken wiederum Arbeit und Geld. Es war eine politische Wahl und keine soziale sowie gesellschaftliche. Ein Beginn unter solchen Voraussetzungen musste auch seine nachteiligen Folgen haben.

Für mich ist es verständlich, dass seit ungefähr 40 Jahren zwischen beiden Völkern viele Konflikte entstanden sind. Probleme gab es am Anfang, und es gibt sie auch heute. Wenn ich mir meine Verwandten anhöre, die immer noch in Deutschland leben, sehe ich, dass sich bei ihnen nichts verändert hat. Bei ihren Kindern sind jetzt neue Probleme aufgetaucht.

Als Deutschland die Arbeitskräfte nicht mehr so dringend brauchte, wurden die Konflikte am größten. Zu dieser Zeit konnten viele Ausländer schon gut Deutsch sprechen, sie konnten sich verteidigen, was manchmal zu noch mehr Problemen führte. Versteht man nicht, was gesagt wird, muss man sich fügen, versteht man die Dinge und ist mit dem Gesagten nicht einverstanden, so versucht man, sich zu verteidigen, und das passt vielen wiederum überhaupt nicht. So ist es doch öfters im Leben. Sprachliche Schwierigkeiten können heute nicht mehr als Gründe für die „Nicht-Verständigung" genannt werden. Das ist eindeutig. Woran liegt es also dann?

Am Anfang, als sich die Gastarbeiter und ihre Familien neu ansiedelten, konnten sie kein Wort Deutsch, aber die Probleme waren damals nicht so groß, man hieß sie willkommen und versuchte Freundschaften zu schließen, besonders Freundschaften zwischen den zwei Geschlechtern waren nicht selten. Denn die Gastarbeiter wurden gebraucht, sie arbeiteten fleißig für wenig Lohn und machten jede Arbeit. Wo man sie nicht mehr brauchte, da waren sie auch nicht mehr erwünscht, jetzt sollten sie endlich zurückkehren. Deutsche hatten selbst keine Arbeit mehr. Man musste die Andersartigkeit nicht mehr ertragen und erdulden. Warum auch?

Aber eins war anders geworden. Die Gastarbeiter wollten gar nicht mehr weg. Sie fühlten sich, wie sie selbst sagten, in Deutschland zu Hause und Deutschland war für viele zur zweiten, für manche sogar zur ersten Heimat geworden. Sie hatten deutsche Freunde gefunden und lebten wie die Deutschen. Sie wollten dies und werden es auch heute nicht mehr aufgeben.

Gerade hier endet oder fängt meine Geschichte an, denke ich. Ich war ein „Aufgeber", denn nach diesen Entwicklungen wollte ich nicht mehr in Deutschland leben. Ich habe mich dort nie zu Hause gefühlt. Ich hatte auch nie die Chance dazu. Denn das Gefühl der Andersartigkeit, Fremdheit wurde sowohl von meiner Familie, meinen Landsleuten als auch von Deutschen in meiner Umgebung immer wieder hervorgebracht, so dass ich es nicht vergessen konnte. Dazu möchte eine Aussage meines Deutschlehrers zitieren. Ein Lehrer, den ich sehr liebte und schätzte, dem ich meine Deutschkenntnisse zu verdanken habe, welcher für uns „Türken" wirklich viel Mühe und Aufwand aufgebracht hat, sagte uns immer wieder: „Ihr müsst doppelt so viel lernen und doppelt so viel arbeiten und doppelt so gut sein, um später beim Berufserwerb eine gute Chance gegen Deutsche zu haben."

Mit dieser Aussage wurden auch unsere schlechteren Noten gegenüber den deutschen Schülern begründet. Der Lehrer meinte es gut. Aber ich verstand, dass ich nie so gut sein würde wie die Deutschen und ihnen auch nie gleichgestellt sein konnte. In einer Gesellschaft, wo alles ‚Deutsch' ist. ‚Nicht-Deutsch' leben zu müssen, obwohl man es sich vielleicht wünschen würde, wurde für mich zu strapaziös und unmöglich. Es hatte keinen Zweck. Ich wollte zurück in meine ‚Heimat'. Und ich kehrte zurück, oder es ist richtiger zu sagen, dass ich Deutschland verließ.

Ich fuhr in die Türkei. Mir ging es gut in der Türkei, und ich fühlte mich hier zu Hause. Ich dachte, es würde leicht, doch es kam anders. Aber es war meine Wahl. Keine alten Freunde, alten Lieblingsplätze oder alte Erinnerungen, alles wieder neu, entfremdete Verwandte, die immer versuchen, einen Fehler zu finden. Wiederum sprachliche Schwierigkeiten und eine Kultur, der man auch ziemlich fremd geworden war. Man musste hier beweisen, dass man doch nicht ‚deutsch' geworden sei, um akzeptiert zu werden – als ob das so leicht möglich wäre. Aber sie konnten das ja nicht wissen. Nun, ich fühlte mich fremd in der Heimat. Lange Zeit lebte ich mit diesem Gefühl. Eines Tages hatte ich mich wahrscheinlich genügend bewiesen. Das Gefühl des ‚Fremdseins' verschwand, aber das Gefühl der ‚Heimat' verstehe ich heute immer noch nicht ganz. Manchmal fühle ich mich leer und verloren. Vielleicht ist dieses Gefühl Heimatlosigkeit. Ich bin mir nicht sicher, ich weiß auch nicht, ob es mir jemand erklären kann.

Ich habe niemals irgendeinen Schuldigen gesucht. Für mich war alles logisch. Es war logisch, dass meine Eltern besser leben wollten, und da es in ihrer Heimat nicht ging, war es logisch, dass sie eine gute Chance nutzten. Und es war logisch, dass Deutschland Arbeitskräfte brauchte und darum fremde Menschen einwandern ließ. Es war logisch, dass Menschen, die nicht lesen und schreiben konnten, beim Erlernen einer fremden Sprache Schwierigkeiten haben mussten. Außerdem war es logisch, dass Kinder auf die Welt kamen und in dem fremden Land aufwachsen mussten; es war logisch dass viele von der deutschen Kultur beeindruckt wurden und ‚frei' wie die Deutschen leben wollten, so frei wie die Deutschen eben sein konnten. Es war auch logisch, dass die Eltern dies nicht akzeptieren konnten. Man kann die eigenen Traditionen, nach denen man erzogen ist, nicht so leicht aufgeben. Es war logisch, dass die Deutschen in ihrem Land auf ihre Kultur und Traditionen bestanden. Also war es logisch, dass es Konflikte gab. Es war aber auch logisch, dass viele gute Menschen versuchten, die Konflikte zu beseitigen. Logisch ist es auch, dass ich zweisprachig aufgewachsen bin, und diese Besonderheit bei meiner Berufswahl geholfen hat. Unlogisch ist, dass ich nicht erklären kann, warum ich mich manchmal so heimatlos fühle, wo ich doch zwei Heimaten habe.

Die Familie in einem Park in Deutschland in den 70er-Jahren. Der Hut war in der Türkei ein Symbol für die türkischen Gastarbeiter. Ein Hut, ein Fotoapparat und ein Radio reichte schon, um das Bild eines Rückkehrers hervorzurufen.

Bibliographie

Akkaş, Hülya (Wintersemester 2009/2010, Universität Siegen, Masterarbeit): „Mediale Integration türkischer Migranten in Deutschland".

BMI 2/1988: Zeittafel der Ausländerpolitik seit dem Anwerbestopp.

Brown, Julie / Nadler, Robert / Meczynski, Michal (2010): Working on the Edge? Creative Jobs in Birmingham, Leipzig and Poznan. In: Musterd, Sako / Murie, Alan (Hrsg.): Making Competitive Cities. Oxford: Wiley-Blackwell.

Bade, Klaus Jürgen (2007): Enzyklopädie Migration in Europa: Vom 17. Jahrhundert bis zur Gegenwart. Wilhelm Fink Verlag

Bruns, Bettina / Müller, Kristine / Wust, Andreas / Zichner, Helga (2010): Praktiken der Grenzüberschreitung. Die Produktion der Außengrenze der EU zwischen Homogenisierung und lokaler Aushandlung. In: Belina, Bernd / Miggelbrink, Judith (Hrsg.): Hier so, dort anders. Raumbezogene Vergleiche in der Geographie und anderswo. Münster: Westfälisches Dampfboot. S. 62-84.

Currle, Edda (2006): Theorieansätze zur Erklärung von Rückkehr und Remigration. In: Informationszentrum Sozialwissenschaften / Bundesamt für Migration und Flüchtlinge (Hrsg.): Sozialwissenschaftlicher Fachinformationsdienst „Migration und ethnische Minderheiten" 2/2006, S. 7-23.

Dustmann, Christian / Weiss, Yoram (2007): Return Migration: Theory and Empirical Evidence from the UK. In: British Journal of Industrial Relations 45:2 June 2007, S. 236–256.

Ette, Andreas / Sauer, Lenore (2010): Auswanderung aus Deutschland. Daten und Analysen zur internationalen Migration deutscher Staatsbürger. Wiesbaden: VS Verlag.

European Integration Consortium (2009): Labour mobility within the EU in the context of enlargement and the functioning of the transitional arrangements. Final Report. Nürnberg. Study on behalf ot the Employment, Social Affairs and Equal Opportunities Directorate General, European Commission.

Gogolin, Ingrid; Pries, Ludger (2004): Stichwort: Transmigration und Bildung. Beitrag für ZfE 1/2004. Entnommen unter: www.inccas.de/de/download/publ-2004_lp_transmigrationundbildung.pdf (18. Januar 2010)

Helfer Herrera Erazo, Marianne: Os retornados. Eine biographische Perspek-

tive auf die Rückwanderung von Arbeitsmigrantinnen und – Migranten aus
der Schweiz nach Galicien (Spanien). Universität Bern 2007.
URL: http://www.anthro.unibe.ch/content/publikationen/
arbeitsblaetter/arbeitsblatt_37/index_ger.html

Hörder, Dirk (2010): Geschichte der deutschen Migration: Vom Mittelalter
bis heute. München: Beck Verlag.

Hunn, Karin (2006): Nächstes Jahr kehren wir zurück – Die Geschichte der
türkischen `Gastarbeiter` in der Bundesrepublik. Göttingen: Wallstein Verlag.

Salam, Hallow (2010): Zur Bedeutung von Remigranten für denTransforma-
tionsprozess im irakischen Kurdistan.
zur Erlangung des akademischen Grades Doktor der Philosophie - Dr. Phil.-
genehmigte Dissertation. TU Berlin.

Moito Soares, Cristina (2003): Die portugiesische Auswanderung nach
Deutschland und deren Wahrnehmung in Portugal. Diplomarbeit.
Johannes Gutenberg-Universität Mainz Fachbereich Angewandte Sprach-
und Kulturwissenschaft Germersheim.

Moosmayer, Ulrich (1998): „Sie sind doch ein halber Türke. Über die Arbeit
an einer türkischen Rückkehrerschule." Velber: Friedrich Jahresheft, 16, S. 98-
99.

Özdamar, Emine Sevgi (1998): Die Brücke vom Goldenen Horn. Roman. Köln,
Kiepenheuer & Witsch.

Pries, Ludger (1997): Transnationale Migration, Soziale Welt, Sonderband.
Baden-Baden. (www.lrz.de/~Soziale_Welt/Sonderband 12.pdf

Pries, Ludger (2001): Internationale Migration. Bielefeld Transcripts. 2. Aufl.
2010.

Pries, Ludger (2007): Globaler Wandel und das Entstehen transnationaler
Migration: Zwischen den Welten zu Hause. Entnommen unter: http://www.
ruhr-uni-bochum.de/rubin/geisteswissenschaften/pdf/beitrag5.pdf   (15.
März 2010)

Scagnet, Ernst „In der Heimat nicht mehr zuhause. Türkische Rückkehrer-
kinder zwischen zwei Kulturen" Neue Zürcher Zeitung, Folio 11/1991.

Schulze, Erika/ Soja, Eva-Maria (2006): Verschlungene Bildungspfade. Über
Bildungskarrieren von Jugendlichen mit Migrationshintergrund. In: Georg Au-

ernheimer (Hrsg.) (2003): Schieflagen im Bildungssystem. Opladen: Leske & budrich, S. 197 – 210.

Schmithals, Jenny (2010): Return Migration to East Germany - Motives and Potentials for Regional Development. In: Salzmann, Thomas / Edmonston, Barry / Raymer, James (Hrsg.): Demographic Aspects of Migration. Wiesbaden: S. 281-301.

Sievers, Isabel/ Griese, Hartmut/ Schulte, Rainer (2010): Bildungs- und Berufsbiographien bildungserfolgreicher Transmigranten. Frankfurt/M: Brandes & Apsel.

Schwartz, Hansjörg (2006): Schicksal oder Chance? Über die psychischen Auswirkungen von Migration und Remigration – Am Beispiel türkischer Studierender, die einen Teil ihres Lebens in Deutschland verbracht haben. Diss. Universität Oldenburg. URL: http://oops.uni-oldenburg.de/volltexte/2007/75/

Weichhart, Peter (2009): Multilokalität – Konzepte, Theoriebezüge und Forschungsfragen. In: Informationen zur Raumentwicklung ½ (2009).

Internetquellen:

http://www.derwesten.de/nrz/niederrhein/Akademiker-tuerkischer-Herkunft-kehren-Deutschland-den-Ruecken-id4770687.html

http://www.dradio.de/dlf/sendungen/dlfmagazin/1064988/

http://de.wikipedia.org/wiki/Türkeistämmige_in_Deutschlandhttp://www.perspektive-ost.de/mitglieder/index.html

http://www.ifl-leipzig.com

http://www.spiegel.de/panorama/gesellschaft/0,1518,716677,00.html

Bildnachweis

SPD Berlin | *S. 9*
Helga Kneidl | *S. 20*
Nina Öger | *S. 23*
Christine Fenzl | *S. 27*
Murat Ham | *S. 30, 32, 36, 42, 44, 45, 47, 50, 53, 66, 69*
Kemal Şahin | *S. 33*
Nefis Okan | *S. 56, 57, 58*
Krzystof Jaszcuk | *S. 62*
AG Interpäd, Leibniz Universität Hannover | *S. 74*
Dr. Thilo Lang | *S. 89*
Familie Asutay | *S. 107*
Familie Akgün | *S. 111*
Familie Türkan | *S. 137, 138*
Familie Yücel | *S. 179*
Familie Karaoğlu | *S. 186*
Herausgeber- und Autorenbild Murat Ham | Hedrich Mattescheck | *S. 195*
Herausgeber- und Autorenbild Angelika Kubanek | Roberta Bergmann | *S.195*

Die Herausgeber und Autoren

Murat Ham ist gebürtiger Braunschweiger,
Diplom-Politikwissenschaftler und ausge-
bildeter Journalist, besitzt langjährige Berufserfahrung als Redakteur bei namhaften
Print-, Online- und Funkmedien sowie als
Redaktionsleiter in der Unternehmens-
kommunikation. Er hat zahlreiche Publikationen zum Thema veröffent-
licht – unter anderem erschien im Jahr 2009 sein Buch „Jung, erfolgreich,
türkisch" mit einem Vorwort vom Bundesminister Dr. Wolfgang Schäuble.

Angelika Kubanek lehrt am Englischen Semi-
nar der Technischen Universität Braunschweig,
bildet Englischlehrer aus und forscht über das
Erlernen von Fremdsprachen. Interkulturalität
war immer eines ihrer Arbeitsgebiete. Kubanek bat Menschen, die viel geleistet hatten,
aber aus dem Bewusstsein der deutschen Gesellschaft verschwunden waren
– nämlich Türken, die in den 80er-Jahren Deutschland verließen – ihre Erinnerungen aufzuschreiben.

ibidem
Verlag

Gudrun Hentges/Justyna Staszczak

Geduldet, nicht erwünscht

Auswirkungen der Bleiberechtsregelung auf die Lebenssituation
geduldeter Flüchtlinge in Deutschland

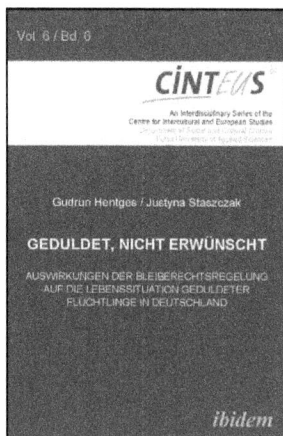

Vol 6 / Bd. 6

CINT_EUS_

An Interdisciplinary Series of the
Centre for International and European Studies
Justus-Liebig University of Applied Frankfurt

Gudrun Hentges / Justyna Staszczak

GEDULDET, NICHT ERWÜNSCHT

AUSWIRKUNGEN DER BLEIBERECHTSREGELUNG
AUF DIE LEBENSSITUATION GEDULDETER
FLÜCHTLINGE IN DEUTSCHLAND

ibidem

ISBN 978-3-8382-0080-4
210 Seiten, Paperback. € 29,90

Diese Studie widmet sich einem sozialwissenschaftlich aktuellen und nach wie vor politisch brisanten Thema: Die Bleiberechtsregelung der Innenministerkonferenz (November 2006) und die Einfügung der Paragraphen 104 a und b in das Aufenthaltsgesetz weckten bei den in Deutschland lebenden langjährig geduldeten Flüchtlingen – und auch bei Menschenrechtsorganisationen – die Hoffnung und Erwartung, dass der rechtlich unsichere Status langjährig geduldeter Flüchtlinge nun – endlich – verfestigt würde. Die Bilanz des Jahres 2010 lässt jedoch deutlich werden, dass die Hoffnung auf Rechtssicherheit und damit verbundene die erwartete Verbesserung der prekären Lebensbedingungen nicht eingetreten sind. Ein Großteil der betroffenen Flüchtlinge konnte die erforderlichen Voraussetzungen für die Erlangung des Bleiberechts nicht erfüllen. Vor allem in Zeiten der wirtschaftlichen Krise stellt der Nachweis einer existenzsichernden Erwerbsarbeit Flüchtlinge vor eine kaum überwindbare Hürde. Der neu eingeführte Rechtsstatus ,Bleiberecht auf Probe' hat das Problem der rechtlichen Unsicherheit, drohenden Abschiebung und sozialen Prekarität keineswegs gelöst, sondern nur aufgeschoben.

Dieser Band präsentiert Ergebnisse einer qualitativen Studie, die an der Hochschule Fulda von Gudrun Hentges und Justyna Staszczak durchgeführt wurde: Langjährig geduldete Flüchtlinge berichten in Interviews davon, was es bedeutet, unter den Bedingungen der rechtlichen und sozialen Unsicherheit zu leben. Die Angst vor Abschiebung, die das Leben der geduldeten Flüchtlinge bestimmt, wurde für die meisten Interviewpartner/innen auch durch die Bleiberechtsregelung nicht beseitigt. Wie in den Gesprächen mit Flüchtlingen deutlich wurde, prägt der unsichere aufenthaltsrechtliche Status ihr Leben und ihre Zukunftsperspektiven.

Nach wie vor ist es deshalb wichtig, genau hinzusehen und Öffentlichkeit herzustellen über die Lage geduldeter Flüchtlinge in Deutschland. Mögen die nun vorgelegten Vorschläge zur Problemlösung weithin beachtet und möglichst umgehend in politisches Handeln umgesetzt werden.

(Aus dem Vorwort von Prof. em. Dr. Peter Kühne, Passau / Dortmund)

Bestellen Sie per Fax: 0511 26 222 01 | telefonisch: 0511 26 222 00 | online: www.ibidem-verlag.de
in Ihrer Buchhandlung

ibidem-Verlag

Melchiorstr. 15

D-70439 Stuttgart

info@ibidem-verlag.de

www.ibidem-verlag.de
www.ibidem.eu
www.edition-noema.de
www.autorenbetreuung.de

www.ingramcontent.com/pod-product-compliance
Lightning Source LLC
Chambersburg PA
CBHW071350280326
41927CB00040B/2578